LUCE DI
VENEZIA

Alvise Zorzi

LUCE DI VENEZIA

Fotografie di
ANGELA PRATI

EDIZIONE INTERNAZIONALE
Italiano   English
Deutsch   Français

LUIGI REVERDITO EDITORE

ISBN 88-342-4007-3

Pur consapevoli dei rischi delle schematizzazioni, abbiamo suddiviso il nostro tema in quattro momenti, che coincidono, grosso modo, con quattro fasi della vicenda di Venezia. Una vicenda lontana dall'essere conclusa e seguita appassionatamente da tutto il mondo civile.

Although aware of the risks of oversimplification, we have divided my subject into four sections, each corresponding, roughly speaking, to the four historical phases of Venice's history. The city's story is far from over, and the entire civilized world follows it with passionate interest.

Im Wissen um die Gefahr einer Schematisierung haben wir unsere Ausführungen in vier Abschnitte unterteilt, die mit den vier Phasen der wechselhaften Geschichte Venedigs übereinstimmen. Eine Geschichte, die weit davon entfernt ist, abgeschlossen zu sein, und die mit lebhaftem Interesse von der gesamten zivilisierten Welt verfolgt wird.

Tout en n'ignorant pas les risques des schématisations, nous avons subdivisé notre thème en quatre moments, qui coïncident, grosso modo, avec les quatre phases des vicissitudes de Venise. Une affaire qui est bien loin d'être terminée et qui est suivie passionément par tout le monde civilisé.

LUCE DI VENEZIA
testo di Alvise Zorzi

VENICE'S LIGHT
text by Alvise Zorzi
traslation by Adrian Belton

LICHT VON VENEDIG
text von Alvise Zorzi
Übersetzung von Hildegard Eilert

LUMIERE DE VENISE
texte d'Alvise Zorzi
traduction d'Eliane Fouché

Torcello, «turris coeli», la torre del cielo (l'etimologia è fallace ma suggestiva), dove la torre campanaria più possente dell'estuario dopo il campanile di San Marco sembra sfidare i secoli, alta su una distesa di acque, di ortaglie, di canneti e di stoppie. In nessun altro luogo la temperie della Venezia delle origini rivive con altrettanta evidenza, e di qui vorrei che incominciassero tutti gli incontri con Venezia, non quelli dei trafelati turisti che affollano e frastornano anche quest'angolo di Laguna, ma di chi vorrebbe conoscere un po' più a fondo questa città troppe volte svenduta a basso prezzo e l'originale civiltà che essa ha creato. Il tempo e, soprattutto, gli uomini, distruggendo l'opera di molti secoli hanno ricostituito una condizione remota nel tempo: se, infatti, quando fu fondata nell'anno di grazia 639, sedente in Ravenna bizantina l'esarca Isaccio, la basilica di Santa Maria Assunta levava la sua mole poderosa su edifici certamente in maggior numero di adesso, le isole che compongono la Venezia attuale dovevano mostrarsi allora molto simili proprio a ciò che vediamo oggi a Torcello.
Quando nasceva la basilica torcellana mancavano ancora centosettant'anni al trasferimento della capitale del microcosmo lagunare nell'arcipelago realtino, nucleo originario della futura Venezia. I cittadini romano-veneti dell'entroterra che si erano trasferiti nelle lagune, dapprima temporaneamente, per sfuggire le tempeste provocate dal passaggio di stirpi predatrici come gli Unni di Attila «flagellum Dei», poi definitivamente per non diventare cittadini del nuovo regno fondato in Italia dai Longobardi, avevano preferito altri insediamenti, all'orlo della barriera dei lidi schierati verso l'Adriatico, come Jesolo, Caorle, Malamocco, o bene addentro al complesso delle lagune, allora assai più vasto di oggi, come, per l'appunto, Torcello ed Eraclea. È probabile, però, che nelle isole realtine qualche insediamento esistesse già in tempi molto lontani: c'è stato chi ha sostenuto che la massiccia torre quadrata detta del Tesoro, che oggi congiunge, verso la Piazzetta, il palazzo ducale con la basilica di San Marco, sarebbe stata parte di una preesistente costruzione antichissima, forse romana. Ma la lotta quotidiana per strappare terreno alla laguna, per consolidare

le *barene,* cioè le terre anfibie che assorbono le maree e le restituiscono poi lentamente, le *velme,* terre fangose e instabili, e i monticelli di terra più consistente che affiorano qua e là (i documenti medievali li chiamano *tumbae*), per costruire argini, per colmare piscine e stagni palustri, per scavare *ghebi* o canalette di padule e trasformarle in canali adatti alla navigazione, per risanare acquitrini, per estirpare canneti, è durata, nell'arcipelago veneziano, molti secoli dopo che, nell'anno 810 il doge Agnello Parteciaco vi aveva trasferito la capitale del ducato e, nell'anno 829, trafugate ad Alessandria d'Egitto da accorti mercanti veneziani, vi erano approdate le reliquie di San Marco Evangelista. Era in pieno svolgimento quando Orso Orseolo, vescovo di Torcello e figlio di doge, restaurava Santa Maria Assunta e alzava il campanile che la fiancheggia (correva l'anno Mille, mancavano ancora due secoli alla composizione dello straordinario racconto musivo del Giudizio universale che decora l'interno della facciata), e lo era quando il doge Domenico Contarini poneva mano al rifacimento della basilica di San Marco nelle forme che, a grandi linee, essa conserva ancora: si dice sul modello di una celebre chiesa, oggi scomparsa, di Costantinopoli, la basilica di Santi Dodici Apostoli, certamente secondo un'ispirazione orientale che si rivela più che mai evidente nelle cupole, rimaneggiate in un senso ancora più orientaleggiante nel sec. XIII. Ancora oggi la conquista dello spazio per quella che doveva diventare una delle città più densamente fabbricate del mondo ha lasciato le sue tracce nei nomi delle strade, che parlano talvolta di piscine, di orti, di paludi.
Piscine, orti e paludi scomparvero in gran parte nel corso del XII secolo, epoca di grandi speculazioni edilizie e di urbanizzazioni intensive, e di quello seguente. Giardini e broli rimasero numerosi a Murano, luogo di villeggiatura alla moda fino a tutto il Cinquecento, prima che la stabilizzazione del dominio della Serenissima sulla terraferma veneto-friulana spingesse i Veneziani che già non l'avevano fatto a investire i loro denari in beni fondiari anziché continuare a rischiarli nell'avventura del commercio d'oltremare che li aveva strepitosamente arricchiti. Oltre ad essere, da quando vi erano state concentrate le fornaci da

vetro (industria presente a Venezia dai tempi più remoti) la città dei maestri vetrai, Murano doveva rimanere fino alla fine del Settecento un'isola di ville e di monasteri, all'ombra di un altro massiccio torrione, quello della basilica dei Santi Maria e Donato: il quale, accanto alla sua magnifica chiesa del XII secolo, veglia oggi su un'isola devastata dalla tempesta napoleonica della quale porta ancora evidenti i segni, accanto a quelli che le sono stati impressi dalle fasi successive di declino, di ripresa, di prosperità, di nuovo declino e di nuova ripresa dell'industria e, soprattutto, dell'arte vetraria.

Siamo partiti al galoppo per la cavalcata nel tempo veneziano che ci propongono le belle fotografie di Angela Prati. A distanza di oltre milletrecento anni dalla costruzione della basilica di Torcello, di millecinquecentosessantasette dalla data leggendaria della fondazione di Venezia, il 25 marzo dell'anno 421 dopo Cristo (la critica storica l'ha rifiutata e nessuno ci crede più, ma ci credevano i vecchi veneziani, che si ostinarono fino alla fine della loro indipendenza a far partire l'anno dal 25 marzo), la lunga, lunghissima vicenda dei primi secoli sembra correre veloce, così relativamente pochi sono gli elementi che ad essa direttamente risalgono e si riferiscono nel contesto cittadino. Benché siano rimasti a lungo tradizionalisti e conservatori in arte (il che spiega la lunga sopravvivenza di forme bizantine e, più tardi, gotiche nella pittura e nell'architettura veneziana) i vecchi Veneziani hanno sempre finito per accogliere i suggerimenti delle nuove mode artistiche, e hanno innovato e rinnovato dovunque hanno potuto farlo, soprattutto negli edifici religiosi, ma non soltanto in quelli. Così il palazzo ducale, originariamente in forma di castello turrito, si è trasformato in una originalissima fabbrica gotica, con aggiunte cinquecentesche; così la stessa basilica di San Marco ha subìto poderosi interventi romanici e, soprattutto, gotici, che hanno contribuito a farne quello sconcertante e affascinante compendio di stili che è oggi. A ricordarci l'originaria facciata della basilica del doge Contarini non rimane che il mosaico della traslazione del corpo dell'Evangelista, sull'arco estremo a sinistra della facciata attuale. E di

sicuramente antichissimo, nella Venezia attuale, rimangono, a rigor di termini, soltanto frammenti, incastrati nella basilica marciana o conservati nel suggestivo chiostro romanico di Santa Apollonia. Più gli altri innumerevoli frammenti di sculture, pàtere, formelle, rocchi di capitelli, infissi in cento diversi luoghi della città.

Testimonianze non tanto di remotissime presenze quanto della forza di attrazione del nuovo centro – la Venezia odierna – nei confronti dei vecchi centri lagunari, Jesolo, Malamocco, Eraclea, Ammiana, Costanziaca, alcuni dei quali nón sono più che nomi, e che, tutti, decaddero più o meno rapidamente quando il centro del potere, dell'economia e della vita si stabilì saldamente in questi isolotti, all'ombra della basilica dell'Evangelista e del palazzo del doge. Non è infatti punto da escludere che, nella cronica penuria di materiale da costruzione, chi si trasferiva dai vecchi centri al nuovo, portasse con sé gli elementi architettonici e decorativi preesistenti che avrebbero abbellito chiese e residenze nuove.

I più antichi edifici che ci rimangono, interi o ridotti anche essi a frammenti, riconducibili agli stili ed ai gusti di una Venezia ancora romano-bizantina, non risalgono dunque ad epoca anteriore al Duecento. Tra i frammenti, spiccano le ghiere istoriate che decorano arconi di palazzi degradati o scomparsi, come quello che fu di Marco Polo, in Corte del Milion, o come quello del quale ci rimane un suggestivo cortile, l'odierna Corte Botera, a Castello. Tra gli edifici rimasti più o meno interi, i due palazzi Donà «della Madoneta», Palazzo Barzizza, Palazzo Busenello, tutti sul Canal Grande come il più famoso di tutti (era il preferito di John Ruskin), il Palazzo da Mosto, che sorge proprio dirimpetto all'Erbarìa di Rialto, a non grande distanza dal celebre ponte. E, superstite fino ad un certo punto, perché arbitrariamente manomesso e rifatto nel secolo scorso da restauratori senza scrupoli, il Fondaco dei Turchi, già palazzo dei Pesaro e poi degli Estensi: il quale, secondo Sergio Bettini, riprodurrebbe un modulo costruttivo proprio dell'architettura civile della tarda romanità. Ma, non dimentichiamocene, col Duecento siamo già usciti dal clima romantico e incerto della

Venezia delle origini: siamo già nel pieno di una Venezia trionfante, ricca, altera, aggressiva, conquistatrice. I cittadini romano-veneti che abbiamo visto migrare nelle lagune per non sottostare ad un re longobardo avevano desiderato e ottenuto, nel profondo dei secoli, di dipendere dalla sovranità dell'unico imperatore romano superstite, quello d'Oriente, che sedeva a Bisanzio; il che non aveva impedito loro di avviare, appena possibile, buone relazioni anche con l'altro impero, quello continentale creato all'alba del IX secolo da Carlomagno. Così avevano potuto allargare via via sempre più la rete dei loro traffici, protetti da clausole sempre più favorevoli nei trattati col potere di terraferma e da privilegi sempre più ampi da parte del remoto monarca bizantino: nei confronti del quale, con l'andare del tempo, erano passati via via dalla condizione di protetti a quella di protettori, mai disinteressati, anzi sempre più esigenti di mano in mano che diventavano più necessari. L'anno Mille aveva visto il potere veneziano sostituirsi a quello bizantino sulle coste istriane e slave: in una trionfale crociera, il doge Pietro Orseolo II aveva preteso e ottenuto la sottomissione delle città e delle comunità costiere da Capodistria a Ragusa. Più tardi, i Veneziani avevano combattuto nell'interesse bizantino i nuovi, minacciosi protagonisti del mondo mediterraneo, i Normanni.

Le merci preziose che venivano da Oriente, seterie, gioielli, soprattutto spezie, necessarie e ricercate in un'epoca che non conosceva eccitanti, che ignorava le tecniche di conservazione dei cibi e disponeva di pochi medicinali, venivano rivendute in Occidente, e di là venivano altre merci ricercate in Levante, panni di Francia e di Fiandra, ferro della Stiria. C'erano poi, merci talvolta ancor più pregiate, il vetro muranese, il sale prodotto dalle saline lagunari; e gli schiavi, mori o slavi, tartari o circassi. A tutto questo negoziare, a tutto questo navigare la città partecipava coralmente, sia in forma diretta, sia finanziariamente, e la ricchezza si accumulava non soltanto nelle mani dei grandi uomini d'affari, ma in tutti gli strati della popolazione. Poiché l'epicentro di tutto il traffico mediterraneo era Costantinopoli, la capitale dell'impero bizantino, la «seconda Roma» celebre in tutto il mondo per

ricchezza e splendore, a Costantinopoli si erano insediate colonie di mercanti italiani tra le quali quella veneziana era la più numerosa e la più ricca. Una conflittualità alimentata dal crescente senso di inferiorità provocato nei Bizantini dalla strapotenza economica dei coloni doveva sboccare in episodi violenti, fino alla cattura di tutti i Veneziani dell'impero, ordinata dall'imperatore Manuele Comneno nel 1171. I conflitti dinastici bizantini dovevano suscitare poi, all'inizio del Duecento, un evento drammatico ed imprevedibile, la deviazione contro la cristianissima Costantinopoli della quarta Crociata, alla quale Venezia aveva fornito navi e denaro. Ancora oggi si discute sulla parte avuta dalla potente città-stato in quella deviazione, che doveva portare i Crociati alla conquista, al saccheggio e alla devastazione della splendida metropoli imperiale, e il doge di Venezia a diventare, secondo la curiosa formula adottata, «dominatore della quarta parte e mezza di tutto l'impero romano d'Oriente».

A noi basterà riconoscere, nella Venezia che percorriamo, i residui del favoloso compendio del sacco di Costantinopoli: le più preziose reliquie del Tesoro di San Marco (a San Marco, la chiesa di Stato, andava, oltre all'omaggio dei fedeli verso l'Evangelista patrono della città, l'orgoglioso riconoscimento della superiorità del potere dello Stato su quello della Chiesa), e scalpitanti fino a pochi anni fa, a più di sette secoli e mezzo dal loro arrivo, sulla facciata della basilica, i quattro famosi cavalli di bronzo, destinati a diventare parte integrante del mito di Venezia.

Capolavoro della scultura romanica dei tempi di Costantino il Grande, secondo alcuni, testimonianza, secondo altri, dell'arte greca in uno dei suoi momenti di massimo splendore e attribuita alla cerchia di Lisippo, la celebre quadriga è l'unica che sia pervenuta intatta fino a noi. A Costantinopoli, dove sarebbero giunti da Roma (là avrebbero adornato l'arco di Nerone, oggi scomparso), i quattro animali bronzei avevano campeggiato a lungo nell'ippodromo, ombelico dell'antica metropoli e luogo di ogni sorta di eventi grandiosi e sanguinosi. Il novantenne doge Enrico Dandolo, che aveva diretto con polso inflessibile l'avventura crociata, li aveva spediti a Venezia nel 1205, e ben presto avevano finito per rappresentare il simbolo della Venezia vittoriosa e trionfante, secondo soltanto al leone alato dell'Evangelista Marco, al quale un ignoto poeta quattrocentesco avrebbe attribuito il fiero motto: «Io sono il gran Leon, Marco m'appello / disperso andrà chi me sarà rubello».

Così, quando una guerra mortale oppone Venezia a Genova alla fine del Trecento (è l'ultimo episodio di una lunghissima guerra che, fra vittorie e sconfitte, fra tregue e recrudescenze, copre più di un secolo e mezzo), la minaccia dell'ammiraglio genovese Pietro Doria, accampato a Chioggia, sulla soglia della laguna, «di mettere le briglie ai cavalli di San Marco» contribuisce a suscitare nei Veneziani l'ardore e lo slancio di una riscossa che non solo ricaccerà i Genovesi dall'Adriatico, ma segnerà l'inizio della decadenza di Genova come potenza politica e militare. Così, quando, nel 1797, l'Armata d'Italia della Rivoluzione Francese, comandata da un giovane generale di smisurate ambizioni, Napoleone Bonaparte, provoca il crollo della millenaria Repubblica Veneta e la fine dell'indipendenza veneziana, i cavalli vengono calati dalla fronte della basilica e spediti a Parigi, a celebrare in vetta all'arco di trionfo del Carosello un'impresa da tramandare ai posteri. La festosa cerimonia del loro ritorno, grazie ai buoni uffici di tanti, il duca di Wellington, Lord Castelreagh, il grande scultore Antonio Canova, susciterà un'ondata di entusiasmo che garantirà all'imperatore Francesco I d'Austria, principale artefice del ritorno stesso, una stagione di indiscutibile popolarità.

Le vicende moderne dei cavalli, abbassati e posti in salvo in occasione dei due conflitti mondiali del nostro secolo, ritenuti malati di cancro del bronzo e scoperti poi sani, tolti dal loro posto tradizionale e sostituiti da cattive copie per difenderli dagli agenti atmosferici, ma esposti a gravissimi pericoli da inopportune spedizioni a mostre e rassegne in giro per il mondo, hanno avuto troppe volte gli onori delle cronache. Oggi la quadriga è esposta nel Museo di San Marco e, vista da vicino, rivela tutta la sua straordinaria potenza, così come, sull'altar maggiore della basilica, sotto il ciborio sorretto da quattro colonne istoriate forse siriache, forse ravennati,

rivela tutta la sua raffinatezza la «Pala d'oro», di cui le antiche cronache veneziane parlano come del «pezzo» più prezioso del già ricchissimo ed ancora oggi ragguardevolissimo Tesoro marciano (che, prima delle falcidie subite nel 1797, comprendeva anche le corone dei regni di Cipro e di Candia e la zogia, o gioiello per antonomasia, il prezioso corno incrostato di perle e pietre preziose che serviva all'incoronazione del doge). La pala, precedente alla conquista di Costantinopoli, è stata commissionata dal doge San Pietro Orseolo I tra il 976 ed il 978, ed arricchita dal doge Ordelaf Falier nel 1105; ma Pietro Ziani, il doge al quale si attribuisce la proposta di trasferire il vertice dello stato veneziano a Costantinopoli, proposta che sarebbe stata respinta per un solo voto, l'ha completata a sua volta con i sette grandi smalti della fascia superiore, provenienti a quanto pare, dal monastero bizantino del Pantòcrator (un altro doge, il colto e raffinato Andrea Dandolo, l'ha fatta riordinare nel Trecento, ed è allora che è stata racchiusa nell'elegante cornice gotica). La conquista ed il sacco di Costantinopoli hanno fatto approdare a Venezia un altro dei maggiori ornamenti sacri della basilica marciana, l'icona miracolosa della Vergine Nicopéia, «artefice di vittoria», un tempo appartenente, si dice, al monastero di San Giovanni il Teologo di Bisanzio. È un'immagine dipinta su tavola ai primi del XII secolo, racchiusa in una cornice ricca di raffigurazioni di santi a smalto. Gli imperatori bizantini la chiamavano anche Odegetria, «la Condottiera», e solevano portarla innanzi al fronte dell'esercito nelle battaglie campali. Oggi, invocata non più come propiziatrice di vittorie militari ma come protettrice di Venezia, è circondata dai ceri e dalle preghiere dei fedeli che le sostano dinanzi in raccoglimento, incuranti del tramestio dei turisti che si succedono senza posa nelle navate dell'antica cappella dogale, trasformata in cattedrale soltanto nel 1807. La cappella dove la si venera è uno dei più alti luoghi della spiritualità popolare veneziana.

San Marco, cappella del doge, sembra far tutt'uno col palazzo del doge, col quale comunica in molti punti e sul cortile del quale si affaccia lo straordinario rosone, geniale zeppa inserita dal gotico fiorito del Quattrocento nel contesto bizantino della chiesa. Palazzo del doge, ma, soprattutto, palazzo dello Stato veneziano, del quale il doge era il simbolo vivente, sfarzoso e prestigioso nelle vesti quanto scarsamente munito di poteri. «Principe nelle cerimonie, senatore in Senato, prigioniero in città, colpevole se si allontana dalla città...» lo definiva un antico detto latino. In realtà, fosse stato eletto dall'assemblea popolare, sovrana nei primi secoli della Repubblica, o fosse succeduto al padre per eredità (principio, quest'ultimo, tradizionalmente inviso ai Veneziani, ma talvolta messo in pratica nei primi tempi) il doge era stato a lungo un monarca. Ma un lento e inesorabile processo di erosione aveva via via diminuito le sue prerogative, fino a farne un magistrato, il primo magistrato della Repubblica, uno dei pochissimi a vita, confinato in una funzione prevalentemente rappresentativa. Entro la quale, però, un doge che conoscesse e sapesse usare gli strumenti parlamentari che regolavano la vita dello Stato poteva contare molto, anzi moltissimo: come quel Francesco Foscari che vediamo inginocchiato ai piedi del Leone di San Marco sull'Arco della Carta (la statua è una copia ottocentesca, ma l'originale si ammira ancora all'interno), protagonista di grandi battaglie politiche e di dolorose vicende personali che hanno fornito materia a poeti come Byron ed a musicisti come Giuseppe Verdi, principale responsabile della conquista dell'entroterra veneto e della fine della tradizionale politica isolazionista veneziana, ai primi del Quattrocento. O come il suo principale avversario politico, il suo predecessore Tommaso Mocenigo, la cui statua giacente riposa nella chiesa domenicana dei SS. Giovanni e Paolo: ricco e avveduto mercante e abile ammiraglio, accanito avversario dell'espansione continentale e sostenitore della tradizione veneziana di «coltivar el mar, e lassar star la terra», autore di un discorso che avrebbe pronunciato morente, per contrastare il trono al Foscari e nel quale sono enumerate in un'impressionante rassegna le ricchezze di Venezia, dei suoi mercanti, dei suoi armatori e delle sue arti.

Non era un doge di poco conto nemmeno quell'Andrea Dandolo al quale accennavamo poc'anzi. Era un raffinato umanista, amico di Francesco Petrarca, nonché autore di importanti studi storici. Lo vediamo giacere nel battistero di San Marco, finalmente in pace dopo un difficile dogato, segnato da gravissimi problemi: le conseguenze della peste nera che aveva ucciso più di un quarto degli abitanti, le perpetue agitazioni della grande isola di Creta colonia veneziana, l'acuirsi della conflittualità con Genova; elementi tutti che dovevano contribuire alla tragica sorte del suo successore, Marin Faliero, decapitato nel 1355 per aver partecipato ad una congiura mirante a sovvertire l'ordine veneziano, basato sulla supremazia collettiva della casta nobiliare, per sostituirlo con una signoria personale appoggiata dal cosiddetto «popolo grasso», l'alta borghesia industriale e armatoriale. Il palazzo del doge Dandolo, assai più antico di lui, è oggi conosciuto, dal nome di successivi proprietari, come Ca' Farsetti, ed è la sede del Municipio: è uno degli esempi più eleganti dell'architettura civile veneziana del XIII secolo, come l'altro palazzo che gli sta vicino e che è impropriamente chiamato Loredan, appartenuto a Federico Corner, il più ricco tra tutti i mercanti veneziani del Trecento.

L'arco dello splendore veneziano trova le proprie basi negli anni precedenti il Mille e copre, nonostante le alterne vicende politiche, economiche e militari dell'Italia e del mondo mediterraneo, cinque lunghi secoli. Nel corso dei quali si sviluppa armoniosamente l'evoluzione dell'arte veneziana e veneta, dall'originario ceppo romanico-bizantino alla grandiosità classicheggiante del tardo Cinquecento, attraversando l'eccezionale, originalissima esperienza gotica che ha lasciato un'impronta indelebile nella città.
L'architettura gotica riceve un considerevolissimo impulso, in campo sacro, dalle fortune degli ordini religiosi mendicanti, Francescani, Domenicani, Agostiniani e Serviti, che costruiscono le loro chiese: Santa Maria Gloriosa dei Frari (*frari* sta per Frati minori), i Santi Giovanni e Paolo, Santo Stefano e Santa Maria dei Servi, quest'ultima scomparsa ai primi del secolo scorso, vittima illustre delle devastazioni napoleoniche. Sulla Piazzetta, aperta verso l'ampio specchio d'acqua del Bacino di San Marco con le due alte colonne

di *Marco e Tódaro* (San Marco e San Teodoro) che accolgono i naviganti, secondo una felice espressione di Terisio Pignatti, proprio come la grandiosa porta della metropoli lagunare, campeggia la mole policroma del palazzo ducale; ma sui *campi* della città (si chiamano *campi* le piazze: a Venezia, non c'è che una sola piazza, ed è Piazza San Marco) sorgono via via le facciate in cotto delle nuove chiese, all'interno delle quali la casta patrizia profonderà le proprie risorse di ricchezza e di mecenatismo. A Santa Maria dei Frari sorgono il monumento funerario di Francesco Foscari, capolavoro di Antonio e Paolo Bregno, e quello di Nicolò Tron, capolavoro del Rizzo; più tardi, la ricca casata dei Pesaro, sedotta dall'«Assunta» che l'artista ha dipinto per l'altar maggiore, suggestivamente inquadrato dal setto del coro che ancora spezza la navata centrale secondo un'antica tradizione veneziana, si farà dipingere da Tiziano la pala dell'altare di famiglia. Ai Santi Giovanni e Paolo si moltiplicano i sepolcri dei dogi e le pale dei grandi artisti, Giambellino, Vivarini, Lorenzo Lotto, lo stesso Tiziano, e la chiesa, che è la più vasta di Venezia, diventa il luogo delle cerimonie funebri dogali.

Ma l'ondata di piena del gotico veneziano, talora nutrito di esperienze orientali, arabe, altra volta ispirato ad esempi nordici, fiamminghi ed inglesi (le galere veneziane da mercanzia frequentano Alessandria d'Egitto ma anche Bruges e Southampton) è quella che segna la nascita di innumerevoli palazzi, sul Canal Grande e sui rii minori, sui campi e sulle calli, fino al Quattrocento avanzato. È un vero esercito di case gotiche, contrassegnate da tutti i nomi del blasonario patrizio: *ca'* (casa: come non c'è, a Venezia, che una piazza, così non c'era che un palazzo, il Palazzo Ducale) Soranzo in campo San Polo e *ca'* Sagredo a Santa Sofia, l'elegantissimo palazzo Pisani Moretta e quello, grandioso e un po' cupo, Pesaro degli Orfei; il misterioso Palazzo Van Axel ai Miracoli e quello, mezzo diroccato ma ancora suggestivo, dei Contarini *Porta di ferro* a San Francesco della Vigna... Il momento più alto, l'architettura civile gotica veneziana lo tocca con la Ca' d'Oro, il palazzo fatto costruire tra il 1422 ed il 1434 dal patrizio Marin Contarini, che volle dorati quanti più elementi possibili della

fantasiosa facciata e che impiegò nella costruzione l'architetto e lapicida lombardo Matteo Raverti e gli scultori veneziani Giovanni e Bartolomeo Bon. Nota, stranota, ma giustamente, maltrattata da incoscienti proprietari ed amorosamente restaurata da un sensibile e geniale mecenate, Giorgio Franchetti, per ospitarvi un'eccezionale collezione d'arte, lungamente restaurata ancora e adattata ad accogliere altre raccolte di gran pregio, la Ca' d'Oro è uno dei simboli classici della civiltà artistica veneziana, e sta, quanto a valore evocativo, al raffinato e fastoso Quattrocento quanto la basilica di Torcello al mondo contrastato delle origini.

In fatto di nomi, di personalità e di architetti della grande stagione gotica, gli archivi non hanno finora abbondato in rivelazioni. La figura dell'architetto emerge più nitida e si consolida, nel panorama artistico veneziano, dopo la conquista della Terraferma veneta, la quale, si badi bene, comprendeva una grossa fetta di Lombardia, con Bergamo, Brescia e Crema, giacché, fino al 1797, il confine occidentale della Serenissima era segnato dall'Adda. L'approdo dell'esperienza architettonica veneziana al clima umanistico-rinascimentale, cui già si era affacciata la pittura, porta il nome di Antonio Rizzo, forse veronese (o, forse, comasco? I Lombardo, antesignani anch'essi di un'architettura «nuova», sono ticinesi), ed il punto di arrivo di quell'esperienza, sancito dalle magnifiche realizzazioni della Torre dell'Orologio, della facciata di San Zaccaria, di Palazzo Vendramin Calergi, reca l'impronta della personalità bergamasca di Mauro Codussi. La saldatura, rivelatasi alla lunga inoperante sul piano politico, tra Venezia e la sua terraferma, si manifesta saldissima sul piano dell'arte. Sulla scia delle venezianissime dinastie dei Vivarini e dei Bellini, della sognante personalità veneziano-dalmata di Vettor Carpaccio, dopo la geniale «rottura» di Andrea Mantegna, nato a Isola di Carturo nella campagna padovana, si affollano le personalità di una «scuola veneta» che attinge indifferentemente in città e nel retroterra: Lorenzo Lotto viene da Treviso, Giorgione da Castelfranco, Tiziano, il venezianissimo Tiziano, da Pieve di Cadore; se il Tintoretto è veneziano di nascita, Paolo Veronese è nato, come dice il soprannome, a Verona. Ma tutti concorrono a formare quell'unità armoniosa che è stata, pur con le sue tensioni e con le sue pulsioni, il Rinascimento veneziano, fino alla curva conclusiva del tardo Cinquecento, apice di uno splendore esteriorizzato nei memorabili festeggiamenti della visita di re Enrico III di Francia nel 1574 e dell'incoronazione della dogaressa Morosina Grimani Morosini qualche anno dopo.

Il Cinquecento, è stato detto, segna l'inizio della decadenza della Repubblica di Venezia. La vittoria di Lepanto, che ha troncato l'espansione turca nel Mediterraneo, è stata soprattutto una vittoria veneziana, ma per Venezia è stata una vittoria di Pirro, ha segnato il crinale del suo passaggio dal rango di potenza di prima classe al livello di potenza inferiore. E, nonostante la scoperta dell'America, che sposta l'asse del mondo dal Mediterraneo all'oceano Atlantico, nonostante quella della rotta del Capo di Buona Speranza, che conduce i Portoghesi al cuore della produzione delle preziosissime spezie, l'economia veneziana rimane solida (ai primi del Seicento, il commercio d'Oriente è ancora più che florido) e la Serenissima, in mezzo alle potenze continentali così più grandi e più forti di lei, è pur sempre – secondo un felicissimo paragone di Fernand Braudel – una vespa, aggressiva e vitale, che può pungere anche i giganti e farli gridare di dolore.

Nel festoso e fastoso Cinquecento, che vede fiorire le arti e gli spettacoli (nei saloni dei palazzi si recita Plauto, e Giorgio Vasari viene chiamato a far da scenografo, Tiziano e il Tintoretto si prodigano come scenotecnici), e Venezia diventare la capitale dell'editoria europea, e la dotta Padova ospitare nella sua antica Università filosofi e anatomisti, e proteggerli quando sono in odore di eresia, la scena cittadina si è fatta ancora più bella. È la stagione del Sansovino, costruttore di nuove chiese e di grandiosi palazzi «alla romana», come quello dei Corner «della Ca' Granda», il più alto di Venezia, degna residenza di una famiglia di nobili ricconi che ha toccato il vertice sociale con Caterina, regina di Cipro. Il maestro toscano è chiamato a lavorare nel punto più augusto della città, a costruire una nuova chiesa di San Geminiano, *pendant* della basilica di San Marco, una loggetta ai piedi del campanile,

dirimpetto all'entrata del palazzo ducale, e la sede della Biblioteca di Stato proprio davanti alla facciata del Palazzo, fronte allo spazio più prestigioso di tutti, il cosiddetto *broglio* dove passeggiano i patrizi negli intervalli dei lavori parlamentari, e dove si negoziano, com'è d'uso nelle repubbliche parlamentari, voti ed influenze. È nata così la Libreria Marciana, col suo fastigio ornato di statue (vi pone mano anche l'Ammannati), col suo interno dipinto da Tiziano, dal Tintoretto, dal Veronese; e diventa subito un elemento armonico e caratterizzante della scena veneziana. Sansovino lavora anche all'interno del Palazzo: sono suoi i due «giganti» che completano lo scalone, costruito da Antonio Rizzo nel cortile, in vetta al quale viene incoronato il doge eletto. Dopo che due incendi avranno devastato l'interno del Palazzo, nel 1574 e nel 1577, la Serenissima Signoria si rivolgerà al nuovo astro dell'architettura cinquecentesca, Andrea Palladio, e sarà il Palladio a ideare l'assetto della Sala del Collegio, luogo delle più delicate e importanti deliberazioni del governo della Repubblica: lo stesso Palladio che si inserisce autorevolmente nel punto più spettacolare del paesaggio veneziano con la facciata dell'antica chiesa abbaziale di San Giorgio Maggiore, divenuta per merito suo l'elemento più importante della scenogafia del Bacino di San Marco.

La Libreria e San Giorgio non sono i soli elementi caratterizzanti che il Cinquecento lascia in eredità a Venezia. C'è anche, elemento divenuto addirittura simbolico, il Ponte di Rialto, fino a non moltissimi anni fa l'unico che scavalcasse il Canal Grande (il *canalazzo* si attraversava soltanto mediante traghetti serviti da gondole, oggi non più di tre o quattro, un tempo almeno una quindicina) fabbricato nelle forme attuali tra il 1588 ed il 1591 su progetto di Antonio Da Ponte. Oggetto di una furibonda querelle tra i sostenitori del ponte a tre arcate, capitanati dal procuratore di San Marco Marc'Antonio Barbaro, elegante umanista e protettore di Andrea Palladio che aveva costruito la villa di famiglia a Maser e aveva presentato un suo progetto, e i partigiani del ponte ad una sola arcata, capeggiati dal senatore Alvise Zorzi, più tardi anche lui procuratore di San Marco, il ponte attuale è sorto in luogo di un precedente ponte di legno, levatoio nel mezzo per consentire il passaggio alle alte alberature delle galere, che possiamo vedere in un celebre quadro di Vettor Carpaccio, uno dei miracoli della reliquia della Santa Croce di proprietà della Scuola Grande di San Giovanni Evangelista, oggi alle Gallerie dell'Accademia. Il ponte di legno era il rifacimento di un altro, crollato nel 1444, rifatto al posto di quello che, il 15 giugno 1310, era stato guastato dai partigiani di Baiamonte Tiepolo, il «gran cavaliere» che, con la complicità dei membri dell'illustre casata dei Querini, aveva tentato senza successo di farsi signore di Venezia. Le case dei Querini erano dov'è adesso la Pescheria, pittoresco e vivacissimo mercato mattutino del pesce, al margine dell'area di Rialto verso la parrocchia di San Cassiano; e Rialto era già nel Trecento un'area vitale, il cuore mercantile di una Venezia che era, allora, una sorta di Manhattan del Mediterraneo.

La leggenda vuole che la chiesetta di San Giacomo di Rialto (*San Giacometto*) che sorge accanto al palazzo cinquecentesco dei Camerlenghi di Comun, in mezzo alla chiassosa variopinta attività del mercato ortofrutticolo (l'*Erbaria*) sia la più antica di Venezia, coeva alla favolosa fondazione della città. La verità è un'altra. Nei tempi più antichi, l'area mercantile, la Rialto dei cambiavalute e dei commercianti, era dall'altra parte del Canal Grande, nella contrada di San Bortolomio, dove ancora oggi sorge il grande edificio del Fondaco dei Tedeschi, per secoli centro d'affari e residenza obbligata degli operatori economici mitteleuropei. L'area dell'odierna Rialto, imbonita e urbanizzata ai primi del secolo XI, ospitò soltanto alla fine di quel secolo il mercato cittadino, e intorno a questo si andò strutturando un quartiere nel quale via via si stabilirono, in strade o *rughe* ad essi riservate, artigiani e negozianti e, con loro, i cambiavalute, i banchieri e gli assicuratori. Al seguito di costoro si stabilirono a Rialto magistrature annonarie, finanziarie e mercantili, tribunali di prima istanza, uffici daziari e doganali. E al servizio della variopinta folla dei mercanti, provenienti da tutta Italia e da ogni parte del bacino mediterraneo, ma anche dalla Germania, dalla Francia, dalle Fiandre, dall'Inghilterra, pullularono gli alberghi, non tutti di buona fama, tutti, a quanto pare, altamente redditizi (il nome di qualcuno di essi, come quello all'insegna dello Storione, è rimasto a qualche calle). Qui, infine, nelle case della famiglia Malipiero trovava posto il cosiddetto «Castelletto», il quartiere delle prostitute, sordido centro di violenza e di vizio, soppiantato successivamente da un'altra area non lontana, le case della famiglia Rampani, le cosiddette Carampane. Di là le prostitute veneziane dovevan spiccare il volo per più alti e sofisticati destini: è, ancora, una creazione del Rinascimento italiano e veneziano la cortigiana, sorta di *geisha* che non vende soltanto amore ma anche musica, cultura, poesia. Ed è a Venezia che queste signore, «*honorate*», come le definiscono i curiosi cataloghi ad uso dei turisti cinquecenteschi, frequentano Tiziano, Tintoretto, i poeti rampanti e i più austeri magistrati repubblicani e, auspice quella buona lana di Pietro Aretino, principe dei pubblicisti del tempo, conoscono le più alte fortune mondane e letterarie. Come quella Veronica Franco, cortigiana di prima grandezza, che, richiesta per una notte da re Enrico III di Francia, gli donava il proprio ritratto dipinto dal Tintoretto, e, poetessa di grande forza ed eleganza, sapeva farsi apprezzare anche da Montaigne.

L'armonioso talento di Andrea Palladio ha lasciato un'altra impronta durevole nel paesaggio veneziano con le due architetture (una certamente, l'altra probabilmente sua) che caratterizzano la lunga prospettiva lineare dell'isola della Giudecca: la chiesa del Redentore, sorta per voto del Senato in seguito ad una terribile pestilenza, e quella delle Zitelle. Un altro voto del Senato ha dato origine alla più bella creazione del barocco veneziano e del suo interprete più geniale, Baldassarre Longhena: la basilica di Santa Maria della Salute, che si inserisce d'autorità nel primo tratto del Canal Grande, operando una saldatura monumentale col complesso Bacino di San Marco-Giudecca-San Giorgio, al quale non appartiene, ma sul quale incombe solenne, da qualsiasi parte si guardi.

Il voto del Senato fu pronunciato il 22 ottobre 1630. Era doge Nicolò Contarini, uno dei protagonisti della vita politica veneziana del primo

Seicento. La sua morte, sopravvenuta meno di un anno dopo, chiudeva un'epoca nella quale la Repubblica veneta, nonostante tutto, aveva saputo tener testa con coraggio alle grandi potenze continentali ed anche alla più forte potenza politico-spirituale, la Chiesa: la vespa (proseguiamo nell'aguzza metafora di Fernand Braudel) aveva punto i giganti e li aveva fatti gridare di dolore. Nell'anno 1606, cogliendo lo spunto dell'arresto di due ecclesiastici colpevoli di reati comuni, papa Paolo V Borghese aveva rivendicato contro la Serenissima i privilegi giudiziari del clero. E aveva dato fondo agli antichi rancori dei pontefici nei confronti della Repubblica, che, pur manifestando un rigoroso cattolicesimo ufficiale, aveva sempre rivendicato a sua volta la preminenza dei diritti dello Stato e respinto ogni ingerenza ecclesiastica nelle competenze di questo. Il papa non aveva esitato a ricorrere alle cosiddette armi spirituali, scagliando contro la Repubblica di Venezia la scomunica e l'interdetto. E, con audace fermezza, la Repubblica aveva respinto le sanzioni religiose come non valide perché non giuste e canonicamente nulle. L'audacia era tanto più grande in quanto dietro papa Borghese si levava l'ombra minacciosa della potente Casa d'Austria, gli Asburgo, i dominii dei cui rami, austriaco e spagnolo, circondavano quasi completamente il territorio veneto. Anima della resistenza veneziana era il cosiddetto partito dei «giovani», con alla testa il doge Leonardo Donà dalle Rose, affiancato da un manipolo di senatori tra i quali si mostrava in prima fila «Nicoletto» Contarini, sorretto da un «consultore in jure» di grande dottrina e di grande coraggio, il religioso servita Paolo Sarpi. La contesa, placata alla fine grazie alla mediazione della Francia, si concludeva con un'inestimabile vittoria morale di Venezia. Ma l'insidia asburgica, che moveva soprattutto dalla Spagna, persisteva tenace e avvelenava la vita politica veneziana. La Sala del Collegio, che abbiamo visto disegnata dal Palladio, decorata nel soffitto da un ciclo di tele di Paolo Veronese e alle pareti da altre tele sue e del Tintoretto, e l'adiacente Sala del Senato, furono teatro di accanite discussioni; ma l'incombere di continui sospetti, di tradimenti e di congiure vedeva aumentare l'importanza della Magistratura dei tre Inquisitori di Stato, organo

nel quale confluivano la Serenissima Signoria, vertice dello stato repubblicano, e il potente e temuto Consiglio dei Dieci.
L'ordinamento costituzionale veneziano si era evoluto nel tempo; dall'originaria semplicità (un'assemblea popolare, nella quale, però, fin dalle origini emergevano i nobili, eleggeva il doge e prendeva le più importanti decisioni) si era passati, con l'aumentare della popolazione, della ricchezza e della potenza, ad un sistema nel quale, accanto al doge, sedevano sei consiglieri, formando con lui e con i tre capi del Consiglio di Quaranta al Criminal (sorta di alta corte di giustizia) la Signoria, mentre in luogo dell'assemblea popolare, esautorata e successivamente e gradualmente soppressa, esercitava il potere legislativo il Maggior Consiglio. Attraverso un lungo processo evolutivo, quest'ultimo, in conseguenza di una serie di provvedimenti noti come la «serrata», risultava composto esclusivamente dei componenti maschi e maggiorenni del patriziato. E dal Maggior Consiglio, che si riuniva nella grandiosa sala che occupa l'ala meridionale del palazzo ducale, dove campeggia, con altre pitture famose, il «Paradiso» di Jacopo Tintoretto, venivano eletti, oltre al doge, gli altri organi collegiali di giustizia e di governo, il principale dei quali era il Senato, o Consiglio di Pregàdi, erede di un più ristretto consiglio i cui membri erano *rogati* o *pregàdi* (pregati) di riunirsi.
Il Senato veneziano era considerato, tra il Cinque e Seicento, come il depositario di una mitica saggezza e di un'altrettanto mitica abilità politica. In realtà, pur sfrondando il mito, va detto che all'abilità dei governanti si deve la lunghissima sopravvivenza della Repubblica di Venezia, undici secoli, un vero e proprio *record*, superato soltanto dall'Impero Bizantino. Fu, ancora, tale abilità a consentire a Venezia, nonostante l'innegabile decadenza economica che la colse nel corso del secolo XVII, di resistere a lungo nel Mediterraneo contro l'immenso Impero Ottomano e di realizzare, per difendere le proprie superstiti colonie, opere difensive che ancora oggi stupiscono per dimensioni ed efficienza.
La stagione del conflitto, latente ma costante, con la superpotenza spagnola, era infatti seguita

dall'esplodere di un nuovo conflitto con l'impero turco. Scontri, con questo ce n'erano già stati e violentissimi, che avevano privato Venezia di una notevole parte dei suoi possedimenti in Levante: l'Eubea, le isole Cicladi, Cipro; ma, ora, i Turchi aspiravano alla conquista dell'isola di Creta, l'ultima grande colonia di Venezia, che la possedeva dal 1205, e ne nasceva uno scontro durato più di vent'anni, con enormi sacrifici da parte della Serenissima. Sacrifici economici: bisognava armare senza posa vascelli e galere, munire fortezze, fondere artiglierie. Sacrifici sul piano umano: nelle operazioni militari perdeva la vita quasi un quarto del Maggior Consiglio, il nerbo del patriziato. Per far fronte al duplice dissanguamento, fu la stessa classe patrizia che decise di mettere in vendita l'appartenenza al Maggior Consiglio, nel quale, mediante l'esborso dell'ingentissima somma di centomila ducati, entrarono così, nel 1646, famiglie della nobiltà di terraferma, ma anche esponenti del mondo commerciale, imprenditoriale e professionale. In altre parole, il patriziato sacrifica alle esigenze della guerra ciò che ha di più geloso, il privilegio di comandare.

La guerra pone in vista il meglio delle qualità accumulate dalla classe dirigente veneziana. Alla testa della flotta si succedono capitani valorosi e capaci, come un Lazzaro Mocenigo, come un Lorenzo Marcello, che giungono a minacciare da vicino la stessa capitale turca, come Francesco Morosini, quattro volte capitano generale «da mar» (era la carica più alta della marina veneziana), eletto doge nel 1688 e morto nel 1694 mentre esercitava per la quarta volta il comando supremo. Capovolgendo le sorti della guerra (Creta è ormai perduta) Morosini sbaraglia le forze ottomane e, da difensore, diventa conquistatore. L'intero Peloponneso cade in mano ai Veneziani; il Senato decreta al vittorioso onori senza precedenti, il papa gli invia ambite distinzioni. Ma la conquista del Peloponneso non fa che accelerare l'ormai incombente decadenza: è un peso eccessivo, non compensato da vantaggi economici adeguati e rimarrà una conquista effimera, gloriosa ma improduttiva.

Sarà l'inizio della vera decadenza della Serenissima Repubblica, ancora sovrana della terraferma dall'Adda all'Isonzo, dell'Istria, della Dalmazia, delle Isole Jonie, ma sempre più emarginata dal consesso dei potenti e sempre più insidiata nei suoi traffici dalle ricche e floride compagnie inglesi, francesi e olandesi. E sarà anche l'inizio di una nuova era di trionfale bellezza, di un nuovo rigoglio delle arti, di un vivere la cui squisitissima qualità non avrà eguali in Europa. E di carnevali scatenati, per godere i quali si scomoda mezz'Europa. E di avventure teatrali, e di letteratissimi avventurieri, e di raffinati moralisti... È l'era di Carlo Goldoni, di Giacomo Casanova, di Gasparo Gozzi; ma anche di Giambattista e Giandomenico Tiepolo, dei Longhi e dei Guardi, dei Vivaldi e dei Galuppi. È stato come se, di fronte alla perdita della potenza politica ed economica i Veneziani, concordi, avessero unanimemente proclamato un loro «non facciamo la guerra, facciamo l'amore».

Di questo tempo, in cui Venezia si avvia a suon di minuetto verso la catastrofe, rimangono molte e meravigliose testimonianze. Tra tante, vorremmo scegliere quelle racchiuse in un palazzo che è di per sé stesso una delle meraviglie del Settecento veneziano, Palazzo Rezzonico: ultimo lavoro del massimo architetto barocco veneziano, Baldassarre Longhena, che aveva già imposto al Canal Grande, con la Ca' Pesaro, le forme più magniloquenti e fantasiose dell'architettura nobiliare dell'ultima fase del Seicento, completato dal più composto e classicheggiante Giorgio Massari, il palazzo subiva un radicale rimaneggiamento interno quando il cardinale Carlo Rezzonico veniva eletto papa col nome di Clemente XIII, e per giorni e notti la residenza dei suoi familiari rimaneva illuminata e aperta in un unico interminabile festino. Oggi è sede del museo del Settecento veneziano, e, assieme ad un gran numero di documenti del fasto e della raffinatezza della vita a Venezia nel secolo XVIII, conserva serie di pitture particolarmente significative, tra le quali spiccano le affascinanti pulcinellate dipinte da Giandomenico Tiepolo per la sua villa di Zianigo, sarcastiche ed amare riflessioni pittoriche su un mondo in disgregazione.

Quando il solitario e scontroso Giandomenico muore, nel 1804, la disgregazione di Venezia è già in atto. Il millenario regime repubblicano era crollato, il 12 maggio 1797, di fronte all'esercito del Direttorio di Francia. Alla decisa, brutale volontà del generale Bonaparte, il governo patrizio non aveva saputo opporre che le inutili tergiversazioni di una diplomazia viziata dalla paura. I *Municipalisti*, raccogliticcio governo provvisorio insediato dalle baionette francesi, composto di nobili e borghesi, in parte sinceri patrioti, in parte «gattopardi» ansiosi soltanto di salvare il proprio privilegio, se attuavano qualche riforma da tempo auspicata e richiesta, come l'apertura del Ghetto e l'emancipazione degli Ebrei, erano del tutto impari ai propri compiti, ed erano, soprattutto, lo zimbello della politica personale di Bonaparte, il quale, senza dir nulla a nessuno, aveva rapidamente negoziato la cessione di Venezia e del suo stato, all'infuori delle Isole Jonie, a Casa d'Austria, in paziente attesa da secoli.

L'occupazione straniera – la prima nella storia millenaria di Venezia – si accompagna alle prime spoliazioni artistiche. Partono per Parigi i cavalli di San Marco, il leone che sta su una delle due colonne della Piazzetta ed un bel gruppo di quadri celebri. Per far fronte alle continue richieste di danaro degli occupanti, i Municipalisti mandano alla fusione molta parte del Tesoro marciano. Gli Austriaci, che entrano in città nel gennaio 1798, trovano l'Arsenale svuotato e devastato. Ma è la citta stessa che si è parzialmente svuotata.

Come aveva profetizzato Giacomo Casanova, gran conoscitore di uomini, non appena il governo aristocratico aveva cessato di esistere, un buon numero di patrizi aveva alzato i tacchi. Non più trattenuti dall'obbligo di partecipare regolarmente alle sedute del Maggior Consiglio e degli altri organi costituzionali, molti di loro preferiscono trasferirsi in terraferma: più vicini alle proprie fonti di reddito, ma anche alle comodità della vita moderna, alle quali la struttura particolarissima di Venezia si adatta fino ad un certo punto.

Sbarcato a Venezia ai primi del 1798, Lorenzo Da Ponte, il librettista di Mozart, stenta a riconoscere in quella città intristita e impoverita la gaia, brillante, vivacissima metropoli di qualche anno prima.

Ma, per Venezia, i guai sono appena incominciati. Dopo otto sonnacchiosi anni di dominio austriaco, le vittorie di Bonaparte, divenuto Napoleone I, imperatore dei Francesi, gli riconsegnano la decaduta regina dei mari. E negli otto anni di regno napoleonico, dal 1806 al 1814, la città cambia volto. Le massicce soppressioni di chiese e conventi, nonché di «scuole» di devozione e di confraternite d'arti e mestieri, provocano una gigantesca dispersione di opere d'arte, soltanto una parte delle quali viene recuperata per la Galleria dell'Accademia di Belle Arti o per la Pinacoteca Centrale di Brera, a Milano. Moltissime chiese soppresse vengono demolite, o lo saranno successivamente: tra Venezia e le isole del suo estuario, Murano, Burano, Torcello, Mazzorbo e le isolette minori, scompaiono settantadue chiese, molte delle quali meritevoli d'ogni rispetto per pregi architettonici e per ricche decorazioni pittoriche. D'altra parte, la pesantissima crisi economica che colpisce la città in conseguenza del blocco continentale decretato da Napoleone e del controblocco inglese, determina un impoverimento generale che provoca a sua volta la dispersione di molte raccolte d'arte e la demolizione di un numero considerevolissimo di palazzi abbandonati dai proprietari.

Scompaiono così dimore un tempo famose, come Palazzo Morosini «del Giardino» e Palazzo Venier ai Gesuiti, e scompaiono la grande chiesa gotica dei Servi e quelle rinascimentali di San Nicolò e Sant'Antonio di Castello; scompare il prestigioso complesso della Certosa di Sant'Andrea, e, demolita per dar luogo all'ala napoleonica che chiude oggi Piazza San Marco di fronte alla basilica, scompare la Chiesa di San Geminiano, costruita da Jacopo Sansovino, che vi era anche sepolto. In compenso, Venezia viene dotata di giardini pubblici e di un cimitero, nonché di una larga strada rettilinea, la «via Eugenia», così chiamata in onore del viceré d'Italia Eugenio de Beauharnais, della quale nessuno sentiva la mancanza.

La breve era napoleonica vede San Marco diventar cattedrale di Venezia in luogo dell'antico duomo di San Pietro di Castello. La scelta non porterà fortuna all'ex cappella ducale: più volte i patriarchi tenteranno pesanti interventi di adattamento nel corpo della preziosa struttura: l'ultimo sarà il cardinale Roncalli, poi papa Giovanni XXIII, il quale, partito dal proposito devastatore di togliere di mezzo l'iconostasi trecentesca incoronata dalle stupende sculture dei Dalle Masegne, si contenterà di far segare i bei plutei marmorei della base. Ma un evento assai più importante per la chiesa cattolica era stato vissuto da Venezia all'alba del secolo. Alla notizia della morte di papa Pio VI, prigioniero della Rivoluzione francese a Valence, i cardinali si erano riuniti nel monastero benedettino di San Giorgio Maggiore, sotto la protezione dell'imperatore austriaco, e dal conclave usciva il nuovo pontefice, Gregorio Barnaba Chiaramonti, Pio VII.

Dopo un finale travagliato da atroci carestie, il dominio napoleonico tramonta definitivamente nel 1814. Ritornano gli Austriaci, per rimanere a lungo. La loro dominazione verrà interrotta nel 1848 dalla vampata di una rivoluzione popolare che condurrà alla proclamazione della Repubblica e culminerà nell'eroica ostinata resistenza della città, assediata da forze soverchianti, divenuta, dopo la tragica fine della Repubblica Romana e la catastrofe della rivoluzione ungherese, l'estremo baluardo della libertà italiana ed europea. Ma continuerà fino al 1866, quando, sulla base di un plebiscito, Venezia diventerà parte integrante del Regno d'Italia.

La dominazione austriaca coincide con la nascita e lo sviluppo del mito romantico di Venezia. La città continua ad esercitare una fortissima attrazione sui forestieri; nel marasma delle altre attività (ben poche sono, all'infuori dell'industria di stato dell'Arsenale, le imprese industriali veneziane, ed il commercio è perpetuamente in crisi) il turismo acquista spazi sempre maggiori, e, accanto ad esso, un mercato antiquario sovente spregiudicato nel mettere in vendita quanto più può dei resti del patrimonio artistico. Ma poeti e romanzieri sono morbidamente attratti dagli aspetti fatiscenti e decadenti di questa Venezia depauperata, che conosce negli anni Venti del Secolo XIX il momento più basso della propria vicenda (la popolazione è diminuita in modo impressionante, ed il 40 per cento di essa

dipende, in un modo o nell'altro, dalla pubblica assistenza), ed anche dalla «leggenda nera» della morta Repubblica, popolata dai fantasmi del Consiglio dei Dieci, degli Inquisitori di Stato, delle loro carceri e delle loro vittime, autentiche o presunte. George Gordon, Lord Byron, prorompe in cantici di entusiastico amore per la città sognata prima assai di averla vista, ma dà veste poeticamente vigorosa ad interpretazioni fantasiosamente sinistre delle vicende di grandi personaggi della Venezia di un tempo, come Marin Faliero e Francesco Foscari. Assai più modesto quanto a valori letterari, il fiorentino Niccolini diguazzerà nei sinistri ingredienti, utilizzati anche da romanzieri ultra popolari come un Michel Zévaco, del truce mito dei segreti polizieschi veneziani. E, poiché sono anni di grande fortuna musicale per Venezia, dove il Gran Teatro La Fenice, inaugurato prima della caduta della Repubblica con un'opera di Domenico Cimarosa, bruciato e riedificato poi in tempo di record, continua ad attirare i massimi compositori, ecco i temi del teatro romantico offrire materia ai grandi musicisti, da Giuseppe Verdi, con i suoi «Due Foscari», a Gaetano Donizetti col suo «Marin Faliero». Fortunatamente, dopo un quarto di secolo di prostrazione, c'è chi reagisce, e non solo con le polemiche, che vedono in prima linea Giustina Renier Michiel, nipote del penultimo doge, e Girolamo Dandolo, ultimo discendente di un grande casato, ma col paziente lavoro della ricerca e dell'erudizione. Se la Renier rievoca nei suoi studi le antiche feste veneziane, se l'eruditissimo Emanuel Cicogna coltiva l'esplorazione scientifica e sistematica delle fonti, Samuele Romanin demolisce con la sua «Storia documentata di Venezia» calunnie e fandonie con l'arma della documentazione originale e dello spirito critico. Ed è l'imperatore d'Austria Francesco I a farsi promotore della sistemazione dell'Archivio di Stato, dove sono concentrati a centinaia di migliaia i documenti della storia e della vita di Venezia nei secoli.

Tra i forestieri che sostano nelle eleganti salette del Caffè Florian, sotto le arcate della Procuratie Nuove, ritrovo abituale della buona società internazionale, si incontrano Théophile Gautier e i fratelli Goncourt, Hippolyte Taine e Nathaniel

Hawthorne; il flusso continua anche dopo il 1866: Richard Wagner, che a Venezia ha composto un atto del «Tristano e Isotta», vi ritorna per stabilirvisi (e vi morirà, nel 1883), come vi ritornerà Robert Browning, che acquisterà Ca' Rezzonico. Ospiti di una famiglia di mecenati americani, i Curtis, che hanno comprato Palazzo Barbaro sul Canal Grande, Henry James vi lavora ai suoi «Aspern Papers», ed Edouard Manet si sfoga a ritrarre i giuochi del colore nei diversi momenti della giornata veneziana.

Se Turner aveva trattato da par suo il pittoresco delle barche lagunari, altri dopo di lui avevano cercato nella realtà veneziana d'ogni giorno lo spunto per creazioni d'arte della più alta qualità. Tra i veneziani va ricordato Ippolito Caffi, il più brioso e geniale; la seconda parte del secolo vede poi fiorire una fortunata pittura di genere, rappresentata da artisti come Luigi Nono ed Alessandro Milesi. Purtroppo, tanta allegria delle arti non impedisce brutali e sciocchi interventi urbanistici nel fantasioso tessuto della città. Si sarebbe visto di peggio, senza le furibonde polemiche suscitate da uno storico impegnato come Pompeo Molmenti (in difesa della basilica marciana sconciata da malaccorti restauri era intervenuto personalmente John Ruskin, pontefice degli innamorati di Venezia alla quale aveva dedicato la sua opera forse maggiore, «Le pietre di Venezia»).

Tra Ottocento e Novecento, la città conosce una notevole ripresa. Nasce inoltre una generazione di capaci e fortunati imprenditori veneziani, il cui esponente più noto ed illustre, Giuseppe Volpi di Misurata, è anche l'ideatore di Porto Marghera, nato, secondo le sue intenzioni, smentite poi dalle circostanze, per risparmiare a Venezia insulare i guasti conseguenti all'installazione di un moderno porto industriale. La decisione di utilizzare l'area marginale della Laguna denominata tradizionalmente «Bottenighi» veniva presa in piena Grande Guerra, nel 1917, l'anno stesso in cui, in seguito alla rottura del fronte italiano sull'Isonzo da parte delle armate austriache, quest'ultime si attestavano sul Piave, a pochi chilometri da Venezia, e Venezia veniva a trovarsi pertanto in prima linea.

La Grande Guerra doveva portare a Venezia, tra le prime città europee, i bombardamenti aerei. Non era la prima volta: già nel 1849, durante l'assedio, gli Austriaci avevano utilizzato bombe sorrette da palloni aerostatici. Ora, però, le conseguenze dovevano essere assai più tragiche: una bomba centrava in pieno il soffitto della chiesa di Santa Maria di Nazareth o degli Scalzi, frescato da Giambattista Tiepolo; un'altra colpiva l'antica sede della Scuola Grande di San Marco, divenuta parte dell'Ospedale Civile, provocando una strage; altre ancora minacciavano da vicino la basilica marciana, rimasta miracolosamente indenne dal crollo del campanile, verificatosi nel 1901 (l'antica torre era stata poi ricostruita, per voto del Consiglio Comunale, «com'era e dov'era»).

Il dopoguerra, riparate le ferite e ricomposte le famiglie costrette in gran parte a riparare in altre città d'Italia nell'ultima fase del conflitto, vede una nuova ondata di prosperità, nonché, dopo lunghe e vivaci discussioni tra «pontisti» e «antipontisti», la realizzazione del primo ponte stradale translagunare, inaugurato il 25 aprile 1933. Per tutta la sua millenaria esistenza, Venezia era rimasta isolata in mezzo alla Laguna. Soltanto nel 1846 un ponte ferroviario l'aveva congiunta con la terraferma; ora era la volta del collegamento autostradale, con un *terminal* nella zona finale del Canal Grande, dove la costruzione della stazione ferroviaria aveva provocato la demolizione di altre chiese, conventi e palazzi. La nascita del terminale automobilistico provocava l'escavo di un nuovo canale congiungente *rii* già esistenti allo scopo di assicurare un più veloce traffico acqueo motorizzato tra il neonato Piazzale Roma e il tratto di Canal Grande che va da Ca' Foscari a San Marco. La navigazione a remi rimaneva tuttavia, nonostante l'aumento della motorizzazione, la più diffusa nell'area lagunare. Chi scrive ricorda, oltre alle numerose gondole private, o «de casada», oggi del tutto scomparse, le pesanti «peate» da trasporto e, ammarati alla Riva delle Zattere, i «trabaccoli» a vela che trafficavano con l'Istria ed i «burchi» a remi che, per risalire i fiumi, venivano trainati dai cavalli. Tutto ciò doveva scomparire definitivamente nei primi anni del secondo dopoguerra.

Trascorso senza gravi danni il tempo del secondo conflitto mondiale (ma l'ultima fase, dal 1943 al

1945, fu particolarmente penosa per la carestia accompagnata da un freddo eccezionale, e dolorosa per le feroci repressioni nazifasciste che colpirono soprattutto ostaggi innocenti), Venezia insulare conosce, tra il 1945 e il 1950, il proprio momento di massima densità di popolazione, giungendo a toccare il livello dei 184.000 abitanti. Gli anni Cinquanta registrarono invece un rapidissimo declino: nel giro di una trentina d'anni, Venezia insulare è scesa sotto i 90.000 abitanti, raggiungendo il minimo storico. Un'autentica catastrofe demografica, causata da molteplici concomitanti ragioni: mancanza di una politica della casa, difficoltà di interventi di risanamento edilizio, rifiuto di accettare, da parte di molti, condizioni di vita inadeguate e difficilmente migliorabili, manovre speculative che mantengono i prezzi a livelli altissimi, e molte altre ancora. In pari tempo, l'industria chimica, massicciamente presente a Porto Marghera, provoca ingenti danni da inquinamento; e la natura, malamente e ripetutamente violentata con eccessivi imbonimenti di aree marginali alla laguna, si vendica con un costante pericolosissimo aumento delle alte maree. Fino al giorno in cui, il 4 novembre 1966, per un eccezionale concorso di circostanze, una marea altissima (di ben 195 centimetri superiore al livello comune marino) ed un fortissimo vento di scirocco che spinge l'Adriatico a travalicare le difese dei lidi, fa temere la fine stessa di Venezia, invasa, flagellata e sommersa dalle acque.

A tutt'oggi (1988) niente di definitivo è stato fatto per la salvaguardia globale della città, nella quale, peraltro, gli interventi di restauro si sono grandemente moltiplicati, anche col contributo di un buon numero di organizzazioni private, sorte in tutto il mondo, in risposta ad un appello lanciato da un benemerito direttore generale dell'UNESCO, Réné Maheu. Si nutrono, però, buone speranze: le premesse legislative e finanziarie per una soluzione dei due gravissimi problemi delle alte maree e dell'inquinamento esistono già, esiste l'impegno del Governo italiano, esiste ed è operante un consorzio per la realizzazione delle opere previste. Resta il problema dell'abitabilità: come è stato più volte osservato, Venezia non può né deve ridursi ad una città di seconde case, i cui proprietari vi

trascorrano qualche settimana all'anno. Venezia deve vivere, e non soltanto di un turismo che, sempre più massificato, frettoloso e diseducato, la inquina e la mortifica in ogni senso. Parallelo al turismo inquinante ed incivile, prospera però un altro mondo, meno chiassoso ed assai più concreto, quello delle attività culturali. Accanto all'Università e ad altre istituzioni tradizionali, svolge una sua provvida funzione la Fondazione «Giorgio Cini», creata da un grande uomo d'affari e mecenate, Vittorio Cini, per ricordare il figlio, prematuramente scomparso, ed allogata negli edifici dell'antica abbazia di San Giorgio Maggiore, magnificamente ripristinati. Nonostante sciocche incomprensioni burocratiche, è rimasta a Venezia la preziosa raccolta d'arte d'avanguardia radunata da Peggy Guggenheim e gestita dalla Fondazione Solomon R. Guggenheim. Altre fondazioni promuovono studi specializzati in vari campi, alcuni Paesi stranieri hanno impiantato a Venezia istituti scientifici e, accanto ad una scuola internazionale per restauratori, promossa dal Consiglio d'Europa, è sorta di recente, nell'isola di San Servolo, un'istituzione europea di ricerca oncologica.

La turistizzazione selvaggia ha malauguratamente inciso anche sui luoghi più tipici e cari della Venezia popolare, come il delizioso mercato di Rialto, dove molte botteghe di generi alimentari tradizionali hanno ceduto il posto a melanconiche rivendite della disgustosa paccottiglia fabbricata a Taiwan o a Hong Kong, nota come «specialità veneziane». E ha trasformato la gondola, tanto cara ai poeti da Goethe in giù, in un veicolo adibito al trasporto di frotte di turisti scamiciati in rapito ascolto di sfiatatissimi canterini. Ma, nelle ore di mercato, l'*Erbaria* trabocca ancora dei variopinti saporitissimi prodotti dell'estuario e del fertile entroterra veneto, e nella pescheria guizzano ancora pesci e crostacei dell'Adriatico. E, se il Canal Grande troppo spesso diventa pista da corsa per motoscafi, e, talvolta, si mostra congestionato dal traffico motorizzato come fosse una strada di città di terra, basta perdersi nelle callette e nei campielli delle zone più remote di Dorsoduro e di Castello per ritrovare il clima incantato di una città genuina, quella che ha sedotto, nei secoli, tanti cuori illuminati e generosi.

Qualcuno di costoro non ha voluto più separarsi dall'incanto veneziano: come Sergeij Diaghilev, l'ideatore dei «Ballet Russes» che segnarono il gusto internazionale degli anni Venti, come Igor Strawinskij, come il poeta Ezra Pound, tutti sepolti nella quiete del cimitero di San Michele in Isola, all'ombra di alti cipressi. In questa Venezia che riconosciamo ancora negli stretti vicoli del Ghetto dalle altissime case, nei rii di Castello e di Dorsoduro dove ancora ormeggiano barconi colmi di frutta opulenta, si può continuare a sognare. Certo, Venezia ha alle spalle una regione che, fino a vent'anni fa sottosviluppata e poverissima, è oggi alla testa della produttività e dello sviluppo. Auguriamoci che questo retroterra in ascesa sappia comprendere e difendere lo straordinario gioiello che ne costituisce la preoccupazione costante, ma anche la gloria, l'ineguagliabile tesoro: proprietà indiscussa non di una regione né di una nazione, ma di tutto il mondo civile.

ALVISE ZORZI

Torcello, «turris coeli», the tower of the sky (the etymology is false but appealing), where the most impressive church tower of the lagoon after the campanile of San Marco seemingly throws out a challenge to the centuries as it rears above the expanse of water, vegetable gardens, reedbeds and fields of stubble. Nowhere else are the features of the original Venice so apparent. I wish that every visitor could begin his encounter with Venice here: not as one of the breathless tourists as they throng noisily through even this corner of the Lagoon, but as a visitor seeking to broaden and deepen his knowledge of this city, so often sold short, and of the original society that it created. Time and, above all, men have destroyed the work of many centuries to restore this island to something like its original state. In fact, when the basilica of Santa Maria Assunta was built under the Exarch Isaac of the Byzantine Ravenna in AD 639, its massive bulk must have loomed over many more buildings than there are now, and the islands which make up modern Venice must have appeared very much like the Torcello of today. The basilica was founded on the island of Torcello one hundred and seventy years before the transfer of the lagunar population to the archipelago of the Rialto – the original nucleus of Venice. The Roman-Venetian peoples of the mainland who moved to the lagoon (first temporarily to escape the marauding hordes of Attila the Hun, «flagellum Dei», and other barbarian warlords, and then permanently to avoid subjugation by the new Italian kingdom of the Longobards), preferred to settle on a reef of sand bars (*lidi*) facing the Adriatic: Jesolo, Caorle, Malamocco, and further into the complex of lagoons (which was then much larger than it is now), Torcello and Eraclea. However, it is probable that there had already been a number of settlements on the Rialto islands many centuries before: there are those that argue that the massive square tower known as the Torre del Tesoro that today joins the Palazzo Ducale to the basilica of San Marco, on the side looking on to the Piazzetta, used to be part of a pre-existing ancient building that was perhaps Roman in origin.

The early peoples fought a constant battle as they wrested land from the lagoon; as they consolidated the *barene* (the grass-covered shoals that swallow the tide and then slowly release it), the *velme* (muddy, shifting earth and the mounds of more solid soil that crop up here and there – medieval documents call them *tumbae*); as they built retaining embankments for ponds and marshy pools; as they dug the *ghebi* (small waterways or navigable channels); as they reclaimed boggy fens and rooted out rush-beds. This labour still went on throughout the Venetian archipelago for many years after AD 810 when doge Agnello Parteciaco, transferred the capital of the dukedom there, and AD 829 when the remains of St Mark Evangelist, purloined from Alexandra in Egypt by astute Venetian merchants, were brought to the site. Work continued in full spate when Orso Orseolo, Bishop of Torcello and son of a Doge, restored Santa Maria Assunta and erected the bell tower that flanks it (this was in the year 1000, still two centuries before work began on the extraordinary mosaic of the Last Judgement that decorates the interior of the façade). Work still continued as Doge Domenico Contarini began his reconstruction of the Basilica of San Marco in the form that, generally speaking, it has today; using as a model, it is said, the basilica of the Twelve Holy Apostles (Apostoleion), a celebrated church in Constantinople, and certainly drawing inspiration from oriental architecture (as evidenced by the basilica's cupolas, which were given even more strikingly oriental form in the 13th century). Even today, the battle for space for what would become one of the most densely-built cities in the world has left its traces in those of its streets that still bear the names of ponds, orchards and marshes.

Ponds, orchards and marshes disappeared for the most part during the 12th century, an age of great building speculation and urbanization, and during the century that followed. There were still many gardens and orchards on Murano, which was a fashionable resort until the end of the 16th century. However, this changed as the Serenissima established its way over the Venetian-Friulan mainland, and those Venetians who had not already done so invested their money in land rather than continue to risk it on the overseas trading ventures that had made them so ostentatiously wealthy. Apart from being the centre of the glass-blowing trade since the construction of the kilns there (although the glass industry had been part of the Venetian economy since the remote past), Murano would remain until the end of the 18th century an island of villas and monasteries overshadowed by another massive tower, that of the Basilica of SS. Maria e Donato. Today, this tower, alongside its magnificent 12th-century church, keeps vigil over an island devastated by the onslaughts of Napoleon's rulers. It still bears the scars; as well as those of other wounds inflicted by successive phases of decline, recovery, prosperity, and renewed decline and recovery of the industry and, above all, the art of glass-blowing.

We have set off at a gallop through the history of Venice; a history beautifully portrayed in Angela Prati's photographs. At a distance of more than 1300 years from the building of the basilica of Torcello and 1567 years from the legendary date of the founding of Venice, the 25th of March AD 421 (historical research has disproved this and nobody believes it any longer, although the old Venetians used to insist, until the end of their independence, on beginning the year on the 25th of March), the long (extremely long) story of the early centuries seems to fly swiftly by, so relatively few are the traces of them to be found in the modern city. Although the old Venetians long remained traditionalist and conservative in their art (which explains the stubborn survival of Byzantine and, later, Gothic forms in Venetian architecture and painting), eventually they always accepted new artistic fashions and innovated and renovated where they could – above all in religious buildings, but not only in those. Thus the Doge's palace, which had originally been in the form of a turreted castle, was transformed into an extremely original complex in Gothic style, with sixteenth century additions. And the basilica of San Marco itself underwent major Romanesque and, especially, Gothic transformations to become the disconcerting but fascinating mixture of styles that it is today. The only reminder left of the Doge Contarini's original

façade is the mosaic showing the translation of the relics of St. Mark located on the extreme left arch of the present façade. Of the Venice of very early times the city contains what are, in truth, only fragments embedded in the basilica of San Marco or conserved in the appealing Romanesque cloisters of Santa Apollonia. Innumerable other fragments of sculptures, *paterae,* tiles and capital stones are to be found scattered all over the city. However, these are testimony not so much to the remote past as to the power of attraction exerted by the new city (the Venice of today) over the old settlements in the lagoon: Jesolo, Malamocco, Eraclea, Ammiana, Costanziaca. Some of these are now nothing more than names, and all of them declined more or less rapidly as the centre of power, economy and life became firmly established on the islands in the shadow of San Marco and the Doge's palace. And, in fact, it appears that, because of the chronic shortage of building materials, those who moved from the old settlements into the city brought with them architectural and decorative items to embellish their new churches and residences.

The oldest buildings still remaining (whether intact or- they, too, reduced to fragments), although they reflect the style and tastes of a Roman-Byzantine Venice, do not belong to any age before the 13th century. Notable among these are the carved lintels that decorate the archways of tumbledown or demolished houses, as for example in the house of Marco Polo in Corte del Milion or in what remains as a charming courtyard in Corte Botera at Castello. Among those buildings that have remained more or less intact, there are the two palaces Donà Palazzi «della Madoneta», Palazzo Barzizza, Palazzo Busenello. These all face on to the Canal Grande, as does the most famous of all (John Ruskin's favourite), the Palazzo da Mosto, directly opposite the *Erbaria* of the Rialto not far from the famous bridge. And still surviving to some extent, because it was clumsily rebuilt during the last century by unscrupulous restorers, is the Fondaco dei Turchi, once the palace of the Pesaro family and then of the Estensi, and which, according to Sergio Bettini, reproduces a model taken from the secular architecture of the late Roman period.

Let us not forget, however, that with the 13th century we have already left behind the romantic and uncertain climate of the original Venice. We have now moved into the age of a triumphant, rich, haughty, aggressive and expansionist city. The Roman-Venetian citizens that had migrated to the lagoon to escape the rule of a Longobard king sought out and obtained, as the centuries passed, dependence on the sovereignty of the only surviving Roman emperor — the Emperor of the Orient ruling from Byzantium. However, this did not stop them from also establishing good relations with the other, continental empire created at the beginning of the 9th century by Charlemagne. Thus, the Venetians were able to increase their trade networks more and more, protected by increasingly more favourable clauses in their treaties with the powers on the mainland and by the ever broader privileges granted them by their distant Byzantine ruler. And, with the passage of time, the Venetians passed from being the Emperor's subjects to being his protectors — never disinterested, indeed always more demanding as and when it became necessary. The year AD 1000 saw the Venetians supplant Byzantine power on the Istrian and Slav coasts. In a triumphant crusade, Doge Pietro Orseolo II had demanded and obtained the surrender of the cities and communities along the coast from Capodistria to Ragusa. Later, the Venetians would fight for the interests of Byzantium against the new, threatening intruders into the Mediterranean world — the Normans.

The precious merchandise that arrived from the Orient, silks, jewels, above all spices (much sought after in an age that had no stimulants, no means for conserving foods and few medicines) were resold in the Occident. And from there came valuable goods for the Levant: cloth from France and Flanders, iron from Styria. And then there were other, even more prized commodities: glass from Murano, salt produced in the lagunar salt-pans, and slaves — Moors and Slavs, Tartars and Circassians. The whole city was involved in trade and navigation, both directly and through financing, and wealth accumulated in the hands not only of the great merchants but at every level of society. Because Constantinople was the epicentre of all traffic in the Mediterranean (the capital of the Byzantine Empire, the «second Rome» celebrated throughout the world for its riches and splendour), colonies of Italian merchants had settled in the city. And of these, the Italians were the most numerous and the most prosperous. Conflict, fuelled by the Byzantines' increasing sense of resentment at the economic power of the colonists, boiled over into violence: in 1171 all Venetians in the Empire were arrested by order of Emperor Manuele Comneno. Byzantine dynastic strife would then lead, at the beginning of the 13th century, to a dramatic and unexpected turn of events: the diversion of the Fourth Crusade against Christian Constantinople, for which the Venetians had provided ships and money. Debate goes on even today over the powerful city-state's role in the Crusader's conquest, sack and devastation of the splendid imperial metropolis, as a result of which the Doge became, according to the oddly-worded formula adopted at the time, «ruler of a fourth and one half of the entire Roman Empire of the Orient».

However, what interests us here as we wander through Venice are the remnants of the fabulous booty brought to the city after the sack of Constantinople: the most precious relics in the Treasury of San Marco (San Marco, the state church, apart from the homage paid by the faithful to the patron saint of the city, now proudly recognized the superiority of state power over the Church); and prancing proudly on the façade of the basilica for more than seven and a half centuries until their removal a few years ago, the four famous bronze horses, which were to become such an integral part of the myth of Venice.

This celebrated *quadriga,* believed by some to be a masterpiece of Roman sculpture from the time of Constantine the Great, and by others to date back to Greek art during one of its most magnificent periods, with its attribution to the circle of Lysippus, is the only example of its kind to have survived intact. The four horses reached Constantinople from Rome (where they adorned Nero's Arch, now lost) and for a long time stood over the Hippodrome, the heart of the ancient metropolis, where so many grandiose and bloody events took place. The ninety-year-old Doge Enrico Dandolo, who had directed the crusade with an iron hand, transported the horses to Venice in 1205, and they soon became the symbol of a victorious and triumphant Venice, second only to the winged lion of St Mark the Evangelist – to which an unknown poet of the 15th century dedicated the proud motto: *«Io sono il gran Leon, Marco m'appello / disperso andrà chi me sarà rubello»* (I am the great Lion, Mark I am called / Whoever rebels against me shall be lost).

Thus when war broke out between Venice and Genoa at the end of the 14th century (this being the final episode in the long-standing warfare that, between victories and defeats, truces and renewed conflicts, lasted for more than a century and a half), the threat by the Genoese Admiral Pietro Doria, as he camped at Chioggia on the threshold to the lagoon, that he would «put bridles on the horses of San Marco», prompted such swift and fierce reaction from the Venetians that the Genoese were chased out of the Adriatic and the long and unstoppable decline in their political and military began. When in 1797 the Italian Army of the French Revolution, commanded by a young general of overweaning ambition, Napoleon Bonaparte, overthrew the thousand-year-old Venetian Republic and brought Venetian independence to an end, the horses were taken down from the Basilica and sent to Paris to stand on the triumphal arch of the Carrousel to mark an event that would resound down the ages. When they returned to Venice, thanks to the good offices of, among many others, the Duke of Wellington, Lord Castelreagh and the great sculptor Antonio Canova, the ceremony of celebration set off such a wave of enthusiasm that Emperor Franz I of Austria, who had been chiefly responsible for the horses' return, enjoyed a period of great popularity.

The modern vicissitudes of the four horses – removed and safely stored during the two world wars, believed to be crumbling away and then pronounced healthy again, taken from their traditional standing-place and replaced by inferior copies in order to protect them against environmental damage (yet then seriously and needlessly endangered by being shipped to shows and exhibitions all over the world) – have been chronicled far too often by the press. Today, the *quadriga* is housed in the Museo di San Marco and, seen from close to, reveals all of its extraordinary power. Such power is also expressed by the «Pala d'Oro» (The Golden Altar-Piece) which stands on the great altar of the basilica beneath the ciborium raised on four sculptured columns (which may be Syriac in origin or from Ravenna). Ancient Venetian chronicles referred to the Pala d'Oro as the most precious item in the opulent and, even today, extensive Treasury of San Marco (which before the losses sustained in 1797 also included the crowns of the Kingdoms of Cyprus and Candia, and the *zogia,* or jewel par excellence, the precious *corno* encrusted with pearls and precious stones that was used for the doge's coronation).

The altarpiece dates back to before the conquest of Constantinople. It was originally commissioned by Doge San Pietro Orseolo I between 976 and 978, and enriched by Doge Ordelaf Falier in 1105; but it was Doge Pietro Ziani (who is believed to have been responsible for the proposal to move the headquarters of the Venetian state to Constantinople – a proposal that was defeated by only one vote) who completed it with the seven large enamels on the upper fascia. These apparently came from the Byzantine Monastery of the Pantòcrator (another Doge, the widely-read and cultivated Andrea Dandolo, had the altarpiece enlarged during the 14th century, and it was during this period that it acquired its elegant Gothic frame).

The conquest and sack of Constantinople brought to Venice another of the great sacred ornaments to be found in the basilica of San Marco: the miraculous icon of the *Nicopéia* Virgin («Victory-Giver»), which is believed to have once belonged to the monastery of St John the Theologist in Byzantium. This icon, painted on a wood panel at the beginning of the 12th century, is enclosed in a frame richly ornamented with enamelled portraits of saints. The Byzantine emperors also used to call it *Odegetria* («The Leader») and would carry it at the head of their armies into battle. Today the icon is no longer venerated as the bringer of military victory but as the protector of Venice. The Virgin stands surrounded by candles amid the prayers of the faithful who gather before her in meditation, heedless of the hubbub of the tourists thronging endlessly through the nave of the ancient Doge's chapel, which was only transformed into a cathedral in 1807. The chapel containing the icon is one of the holiest centres of popular worship in the city.

San Marco, chapel of the Doge, seems to be an integral part of the Doge's palace, with which it communicates at various points. Facing onto the courtyard is the extraordinary rose-window, inserted into the Byzantine structure by a stroke of genius during the 'florid' Gothic of the 15th century. Above all, the Doge's palace was the palace of the Venetian state, of which the Doge was the living symbol. However, despite his magnificent and stately trappings the Doge had very little power. «Prince in the ceremonies, senator in the Senate, prisoner in the city, guilty if he leaves the city...» as he was defined by an old Latin saying. In reality, whether he was elected by the popular assembly which governed during the early years of the Republic, or whether he succeeded his father by inheritance (this latter principle being traditionally rejected by the Venetians, although it had sometimes been adopted in early times), for a long time the Doge was a monarch. However, his prerogatives were worn away by a slow and inexorable process of erosion, until he eventually became a magistrate. Although the chief magistrate of the republic, one of the very few installed for life, his function was primarily only a representative one. Yet, within these bounds, a Doge who understood and knew how to exploit the governmental instruments that regulated the life of the State could wield considerable (indeed exceptional) power: as did Francesco Foscari, whom we see kneeling at the feet of the Leone di San Marco on the Arco della Carta (the statue is an 18th century copy; the original can still be seen inside the building). Foscari was the protagonist of great political battles and profound personal sorrows, which provided poets like Byron and composers like Verdi with inspiration for their work. He was the force behind the conquest of the Venetian hinterland and brought an end to the traditional Venetian policy of isolationism at the beginning of the 15th century. Similarly adept at exploiting his powers as chief magistrate was Foscari's predecessor and chief political adversary, Tommaso Mocenigo, whose reclining statue can be seen in the Dominican Church of SS. Giovanni e Paolo. A rich, shrewd merchant and a skilled commander of the fleet, Mocenigo was a fierce opponent of expansion on the mainland and an exponent of the Venetian tradition of «coltivar el mar, e lassar star la terra» (cultivate the sea, and leave the earth alone). He composed a deathbed address against the enthronement of Foscari where in an impressive tour de force he listed the riches of Venice, of its merchants, of its shipowners and of its arts (guilds).

Another Doge of no little importance was Andrea Dandolo (already mentioned above). A cultured humanist, a friend of Petrarca and the author of a number of historical studies, Dandolo's body lies in the baptistry of San Marco, finally at rest after a difficult reign. During his dogate Venice had been afflicted by grave problems: the Black Death, which killed more than a quarter of its inhabitants, constant turmoil in the Venetian colony of Crete, the exacerbation of warfare with Genoa — these were all factors that would contribute to the tragic fate of his successor, Marin Faliero, who was beheaded in 1355 for taking part in a plot to subvert the Venetian order, based on the collective supremacy of the noble caste, and replace it with his personal rule supported by the so-called «popolo grasso» — the high industrial and shipowning bourgeoisie. Doge Dandolo's palace, built long before his lifetime, now bears the name of its latter-day owners as Ca' Farsetti and houses the Venice municipal offices. It is one of the most elegant examples of Venetian secular architecture of the 14th century, together with the neighbouring palace, improperly called Loredan, which belonged to the richest of all the Venetian merchants of the 14th century, Federico Corner.

The basis of the glorious age of Venice was laid

before the year 1000; an age that lasted, despite various political, economic and military troubles in Italy and the Mediterranean, for five long centuries. During this time the art of Venice and Venetia grew harmoniously from its Romanesque-Byzantine roots, through the flowering of the Gothic style that left such an indelible stamp on the city, into the grandiose classical forms of the late 16th century. Gothic architecture gained considerable impetus in the area of religious building from the mendicant religious orders, the Franciscans, the Dominicans, the Augustinians and the Servites who built their churches Santa Maria Gloriosa dei Frari (*Frari* standing for *Frati Minori:* Grey-Friars or Franciscans), SS. Giovanni e Paolo, Santo Stefano and Santa Maria dei Servi, which was lost at the beginning of the last century, an illustrious victim of Napoleonic devastation. In the Piazzetta which opens out towards the stretch of water of the Bacino di San Marco, there stand the two tall columns of *Marco* e *Tódaro* (St. Mark and St. Theodore) welcoming sailors, in the apt expression of Terisio Pignatti, just as if they were a grandiose gate to the lagunar city. Near them stands the polychromatic mass of the Doge's palace. Behind, in the *campi* (squares here are called *campi*: there is only one square in Venice: Piazza San Marco), there rise one after the other the brick façades of the newer churches, on the interiors of which the patrician caste lavished their wealth and patronage. In Santa Maria dei Frari stands the burial vault of Francesco Foscari, a masterpiece by Antonio and Paolo Bregno, and the monument to Nicolò Tron, the equally masterful work of Rizzo. Later, the rich house of Pesaro, enamoured of the «Assumption» painted for the high altar (impressively framed by the choir-screen that still divides the nave, in accordance with the old Venetian tradition), would commission Titian to paint the family's altarpiece. SS. Giovanni e Paolo was enriched by numerous sepulchres of Doges and altarpieces by great artists (Giambellino, Vivarini, Lorenzo Lotto, Titian). The church would become the site for the Doges' funerals.

However the full flood of Venetian Gothic – sometimes showing eastern, Arabic influence, sometimes inspired by North European, Flemish and English examples (Venetian galleys traded with Alexandria in Egypt but also with Bruges and Southampton) – saw the erection of numerous palaces along the Canal Grande and the smaller canals, in the *campi* and the narrow streets (*calli*) until the late 15th century. This is a veritable army of noble Gothic houses, emblazoned with all the names of the Venetian aristocracy of the time: *ca' Soranzo* (*ca' = casa = house;* just as there is only one piazza in Venice so there used to be only one palace, the Palazzo Ducale) in campo San Polo and *ca'* Sagredo at Santa Sofia, the extremely elegant palazzo Pisani Moretta, the grandiose but rather gloomy *ca'* Pesaro of the Orfei, the mysterious Palazzo Van Axel ai Miracoli and, dilapidated but still impressive, the palace of the Contarini *Porta di ferro* (iron door) at San Francesco della Vigna. The greatest achievement of secular Gothic architecture, however, was the Ca' d'Oro, the palazzo built between 1422 and 1434 by the patrician Marin Contarini, who gilded as many decorative elements as possible on its fanciful façade and used the Lombard architect and stone-mason Matteo Raverti and the Venetian sculptors Giovanni and Bartolomeo Bon in its construction. Justly celebrated, but carelessly maltreated by its owners, then lovingly restored by a sensitive and brilliant patron of the arts, Giorgio Franchetti, to house his exceptional art collection, then restored again and adapted to accommodate further precious collections, the Ca' d'Oro is now one of the classic symbols of Venetian artistic civilization and stands as evocatively for its city's refined and sumptuous 15th century as the basilica of Torcello does for its troubled origins.

As regards names, personalities and architects in the great flowering of the Gothic style, the archives tell us very little. The figure of the architect would emerge and take more solid form in the panorama of Venetian art after the conquest of the mainland of Venetia, taking in, one should remember, a large portion of Lombardy with Bergamo, Brescia and Crema; thus, until 1797, the western border of the Serenissima lay along the River Adda. The infusion of humanist and Renaissance values into Venetian architecture (they were already evident in its painting) was initiated by Antonio Rizzo, who came from Verona (or perhaps from Como, since the Lombardo family, after whom the Lombardesque style was named, came from Ticino). The actual arrival of this new experience, as testified by the Torre dell'Orologio (The Clock Tower), the façade of San Zaccaria and Palazzo Vendramin Calergi, bears the stamp of the Bergamask personality of Mauro Codussi. Although political links between Venice and its mainland territories were, at the end, not completely effective under the political aspect, artistic ones were very strong indeed. In the wake of the wholly Venetian dynasties of the Vivarinis and the Bellinis, of the dreamy Veneto-Dalmatian personality of Vettor Carpaccio, after the brilliant «break» with tradition by Andrea Mantegna (born at Isola di Carturo in the Paduan countryside), both city and mainland were crowded by the artists of a «Venetian School»: Lorenzo Lotto came from Treviso, Giorgione from Castelfranco, Titian (the most «Venetian» of all painters) from Pieve di Cadore. If Tintoretto was Venetian by birth, Paolo Veronese was born, as his name suggests, in Verona. All these artists combined to form the harmonious whole that was, despite its tensions and strains, the Venetian Renaissance. This lasted until its final surge in the late 16th century culminating in the splendour of the festivities held for the visit of King Henry III of France in 1574 and the coronation of the dogaressa Morosina Grimani Morosini some years later.

The 16th century it has been said, marked the beginning of the Venetian Republic's decadence. Although the victory of Lepanto, which halted Turkish expansion in the Mediterranean, was above all a Venetian victory, it was a Pyrrhic one for the city, for this was the moment when Venice changed from being a top-ranking power to one of secondary importance. However, despite the discovery of America, which shifted the world's axis from the Mediterranean to the Atlantic, and despite the discovery of the route around the Cape of Good Hope, which led the Portuguese to the heart of the precious spice trade, the Venetian economy stayed healthy (at the beginning of the 17th century, trade with the Orient was still flourishing). And the Serenissima, amidst continental powers so much bigger and stronger than her, was still (according to Fernand Braudel's apt comparison) a wasp: aggressive and vital, able to sting even giants and make them shout with pain.

In the festive and sumptuous 16th century which saw a flowering of the arts and culture in the city (Plautus was read in the drawing-rooms of the palaces, Giorgio Vasari was summoned to work as a scenographer, Tiziano and Tintoretto worked wonders stage technicians), Venice became the centre of the European publishing trade, and Padova welcomed to its ancient university philosophers and anatomists (and protected them when accused of heresy). Thus the city scene became even more beautiful. This was the period of Sansovino, builder of new churches and magnificent palaces «alla romana» like the Palazzo Corner «della Ca' Granda», the tallest in Venice and worthy residence of the family of extreme wealth that had reached the social summit with Caterina, Queen of Cyprus. The Tuscan master was summoned to work in the city's most prestigious site: Piazza San Marco. He was commissioned to erect a new church of San Geminiano to balance the basilica of San Marco, a loggetta at the base of the campanile facing the entrance to the Palazzo Ducale, and the state library building directly opposite the Palazzo facade. The Libreria looked on to the most prestigious area of all, the so-called broglio. Here the patricians strolled during their breaks from their parliamentary duties, and here they haggled, as is still the custom in parliamentary republics, over votes and influence.

Thus the Libreria Marciana was born, with its cornice ornamented with statues (also the work of Ammannati) and its interior painted by Titian, Tintoretto and Veronese. The building soon became a harmonious and significant feature of the city scene. Sansovino also worked on the interior of the Palazzo Ducale: his are the two «giants» that stand on the courtyard staircase built by Antonio Rizzo, at the top of which the Doge was crowned on his election. When the interior of the Palazzo was devastated by fire in 1574 and 1577, Venice turned to the new star in the 16th century architectural firmament, Andrea Palladio; and it was Palladio who designed the layout of the Sala del Collegio (hall of the Collegio), where the most delicate and weightiest deliberations of the government of the Republic were conducted. He also made an authoritative contribution to the most spectacular feature of all in the Venetian landscape: the façade of the ancient abbey church of San Giorgio Maggiore, which thanks to him became the most important landmark in the broad setting of the Bacino di San Marco.

The Libreria and San Giorgio were not to be the only distinctive elements that Venice would inherit from the 16th century. There was also that feature of the city that has now come to symbolize it, the Ponte di Rialto, which until not so many years ago was the only bridge that crossed the Canal Grande (the only alternative way across being the ferry services provided by a fleet of at least fifteen gondolas, of which now no more than three or four survive). Built in its present form between 1588 and 1591 on a design by Antonio Da Ponte, the Ponte di Rialto was the subject of a furious controversy between the advocates of a three-span bridge (led by the Procurator of San Marco, Marc'Antonio Barbaro, an elegant humanist and patron of Andrea Palladio, the builder of the family villa at Maser, who had submitted his own design) and the proponents of a bridge with a single span (headed by the senator Alvise Zorzi, who would also later become Procurator of San Marco). The present bridge was erected on the site of an old wooden drawbridge, which could be raised in the middle to allow the masts of ships to pass through. This older bridge can be seen in a celebrated painting by Vettor Carpaccio, one of the «Miracles» series of paintings in the rellics of Santa Croce, owned by the Scuola Grande di San Giovanni Evangelista and now in the Accademia. The wooden bridge had in turn been rebuilt out of another one which collapsed in 1444; and this had replaced an even older bridge destroyed on 15 June 1310 by the followers of Baiamonte Tiepolo, the «gran cavaliere» (great knight), who,

with the complicity of the members of the illustrious house of Querini, tried unsuccessfully to seize power in the city. The houses of the Querini family stood on what is now the site of the Pescheria, the picturesque and bustling morning fish market on the edge of the Rialto area towards the parish church of San Cassiano. By the 14th century this had become a thriving commercial area, the mercantile heart of a Venice that was now the «Manhattan» of the Mediterranean.

Legend has it that the small church of San Giacomo di Rialto (*San Giacometto*) standing next to the 16th century palace of the Camerlenghi, amidst the noisy, colourful activity of the fruit and vegetable market (the *Erbaria*), is the oldest in Venice, built at the time of the fabled founding of the city. This, however, is not the factual truth. In earliest times, the mercantile area – the Rialto of the money-changers and traders – was on the other side of the Canal Grande, in the quarter of San Bartolomeo, where there still stands the great palace of the Fondaco dei Tedeschi – for centuries the trading centre and obligatory residence of merchants from Central Europe. The city market only moved to its present-day site at the Rialto when the area was rebuilt at the beginning of the 11th century, and when craftsmen, shopkeepers, and with them money-changers, bankers and insurers, set up business in the streets or *rughe* reserved for them in the surrounding area. Subsequently, the offices of the magistrates dealing with trade, navigation and food supplies, the court of first instance, the toll-house and customs offices would also be established in the area.

The colourful crowds of merchants from throughout Italy and every part of the Mediterranean, as well as Germany, France, Flanders and England, were served by scores of hotels; some of them of ill repute but all very profitable (the names of several of them, for example Storione, have been given to the *calli* where they once stood). Finally, this area also contained, in the houses of the Malipiero family, the so-called «Castelletto», the prostitutes quarter, a sordid centre of violence and vice, which was later replaced by the neighbouring district of the houses of the Rampani family, the so-called Carampane. From these low surroundings the Venetian prostitutes would rise to high and gracious status: a creation of the Italian and Venetian Renaissance was the *cortigiana* (courtesan), a sort of *geisha* who sold not only love but music, culture and poetry. In Venice these ladies – «*honorate*» (honoured) as they were called in the curious catalogues used by the travellers of the 16th century – moved in the circles of Tizian and Tintoretto, of ambitious young poets, and of the most austere officials of the Republic; and, under the rascally patronage of Pietro Aretino, prince of the publicists of the time, they achieved great worldly and literary success. Veronica Franco, for example, courtesan of the first magnitude, when requested for a night by King Henry III of France, presented him with her portrait painted by Tintoretto. And, as a poetess of great power and elegance, she was able to earn the appreciation of Montaigne himself.

The harmonious talent of Andrea Palladio also impressed itself permanently on the landscape of Venice in the form of the two outstanding architectural landmarks (one certainly, the other probably his work) characterizing the long, linear perspective of the Giudecca: the churches of the Redentore (erected by vote of the Senate after the terrible plague of 1576) and of the Zitelle. Another vote by the Senate led to the construction of that great masterpiece by the most brilliant interpreter of Venetian Baroque, Baldassarre Longhena: Santa Maria della Salute. The church dominates the entrance to the Canal Grande and establishes a monumental link with the San Marco-Giudecca-San Giorgio complex around the Bacino (to which it does not belong, but over which it can be seen looming massively whichever way one looks).

The vote of the Senate was pronounced on 22 October 1630. The Doge of the time was Nicolò Contarini, a protagonist of Venetian political life of the early 17th century. His death less than a year later marked the end of an epoch during which the Venetian Republic, despite everything, had courageously held fast against the great powers of continental Europe and the even more potent political-religious power of the Church. The wasp (to continue with Fernand Braudel's apt metaphor) had stung the giants and made them shout with pain.

In 1606, seizing the opportunity provided by the arrest of two priests on charges of common crimes, Pope Paul V Borghese claimed judicial privileges for the clergy, thus bringing to a head Rome's long-standing grudge against the Venetian Republic, which, although it adhered officially to the doctrines of the Church, had always insisted on the priority of the State and rejected any ecclesiastical interference in its affairs. The Pope did not hesitate to resort to his so-called 'spiritual weapons' and unleashed excommunication and interdict against the Republic of Venice. Audaciously, the Republic refused to recognize the validity of the religious sanctions, maintaining that they were unjust and inadmissable in canonical law. This action was even more audacious if we remember that behind the Pope there rose the menacing shadow of the powerful House of Austria, the Habsburgs, whose Austrian and Spanish dominions almost completely encircled Venetian territory. Venetian resistance was led by the so-called party of the «giovani» (young men), headed by Doge Leonardo Donà dalle Rose flanked by a handful, of senators. In the forefront of these were «Nicoletto» Contarini and a «consultore in jure» legal consultant of great learning and courage, the Servite friar Paolo Sarpi.

The quarrel, resolved at the last moment by the mediation of France, ended in a major moral victory for Venice. However, the relentless Habsburg threat that emanated mainly from Spain, poisoned Venetian political life. The Sala del Collegio (designed by Palladio, decorated on the ceiling with a cycle of paintings by Paolo Veronese, and on the walls with other paintings by Veronese and Tintoretto) and the adjacent Sala del Senato were the scene of heated discussions. Meanwhile, the burden of constant suspicion of treason and plots saw an increase in the importance of the Magistratura dei tre Inquisitori di Stato (Magistrature of the three State Inquisitors), a body in which the Serenissima Signoria, the summit of the republican state and the powerful and feared Consiglio dei Dieci were merged.

Over time, the Venetian constitutional order had changed. From its original simple form (a popular assembly – dominated, however, from the beginning by the nobility – elected the Doge and made the most important decisons), with the city's growing population, wealth and power, it had developed into a system where the Doge sat with six councillors and the three heads of the Consiglio di Quaranta al Criminal (a sort of high court of justice) to form the Signoria. In the meantime, in the place of the popular assembly, deprived of power and gradually phased out, the Maggior Consiglio (Great Council) exercised legislative power in the popular assembly. This latter, as the result of a long period of change and a series of restrictive measures known as the «serrata», eventually came to be made up entirely of all the male sons of the patrician class. It was the Maggior Consiglio (which met in the magnificent hall occupying the south wing of the Doge's palace and containing, along with other celebrated paintings, Jacopo Tintoretto's «Paradise») that elected the Doge and the other collegiate bodies of justice and government, chief among which being the Senate or Consiglio di Pregàdi, successor to a more restricted council whose members were *rogati or pregàdi* (begged) to attend.

Between the 16th and 17th centuries the Venetian Senate was regarded as the repository of mythical wisdom and equally mythical political skill. And in fact, although the myth needs cutting down to size, it should be said that it was thanks to the abilities of its governors that the Venetian Republic was able to survive for such a very long time: eleven centuries, a record beaten only by the Byzantine Empire. And it was such abilities that enabled Venice, despite the undeniable economic decline of the city during the 17th century, to stand up to the immense Ottoman Empire for so long in the Mediterranean and to defend its surviving colonies – defensive operations that are still astonishing for their range and efficiency even today.

The period of latent but constant conflict with the Spanish super-power was followed by the explosion of renewed warfare with the Turkish Empire. There had already been extremely violent clashes with the Turks, depriving Venice of a large part of its possessions in the Levant: Euboea, the Cyclides and Cyprus. Now the Turks were seeking to conquer the island of Crete, Venice's last great colony and in its possession since 1205. The fighting that followed lasted for more than twenty years and entailed enormous sacrifices for the Serenissima: economic sacrifices because of the constant need to arm vessels and warships, supply fortresses with provisions and manufacture artillery weapons; human sacrifices when almost a quarter of the Maggior Consiglio, the backbone of the patrician class, lost their lives. In order to cope with this double haemorrhage it was the patrician class itself that decided to put membership of the Maggior Consiglio up for sale. Thus, by paying the huge sum of one hundred thousand ducats, in 1646 families from the mainland nobility, as well as leading figures in the business and professional worlds, took their seats in the Maggior Consiglio. In other words, the patrician class had sacrificed to the requirements of the war that which was most precious to them: their privileges of government.

The war highlighted what was best in the qualities that the Venetian ruling class had acquired over the centuries. The fleet was captained by a succession of brave and skilful commanders, like Lazzaro Mocenigo and Lorenzo Marcello who almost captured the Turkish capital itself, or Francesco Morosini, four times general captain «da mar» (the highest command in the Venetian fleet), who was elected Doge in 1688 and died in 1694, during his fourth supreme command. Morosini turned the tide of the war (Crete was by now lost) and routed the Ottoman forces, so becoming a conqueror instead of a defender. The whole of the Peloponnese fell to the Venetians; the Senate awarded unprecedented honours to the victor, and the Pope conferred rare distinctions upon him. However, the conquest of the Peloponnese only hastened Venice's by now imminent decline: the burden was too much, uncompensated for by any adequate economic advantage. The victory was a hollow one, glorious but unproductive.

Now began the true decadence of the Serenissima Repubblica. Although Venice still ruled the mainland from the Adda to the Isonzo, Istria, Dalmatia and the Ionian Islands, she was increasingly shut off from the ambit of the great powers and increasingly under commercial attack from the rich and flourishing English, French and Dutch trading companies. On the other hand, this was also the beginning of a new era of triumphant beauty, a new blossoming in the arts and in a way of life whose exquisite quality was unrivalled in Europe. Venice was a voluptuous carnival which half Europe came to enjoy. This was a time of theatrical daring, of deeply learned adventurers and refined moralists... It was the era of Carlo Goldoni, Giacomo Casanova and Gasparo Gozzi; but also of Giambattista and Giandomenico Tiepolo, of the Longhis, the Guardis, the Vivaldis and the Galuppis. It was almost as if, on the loss of their political and economic power, the Venetians had unanimously decided «to make love, not war».

As Venice headed towards catastrophe to the sound of a minuet, it left in its wake a wealth of great art. Among so many masterpieces, let me single out those to be found in a palace which is in itself one of the marvels of the Venetian 18th century: Palazzo Rezzonico. This was the last work by the greatest architect of the Venetian Baroque, Baldassarre Longhena, who had already created the most magniloquent and imaginative forms of late 17th century patrician architecture with his Ca' Pesaro on the Canal Grande – to be completed by the more subdued and classicizing Giorgio Massari. The interior of Palazzo Rezzonico underwent radical rearrangement when Cardinal Carlo Rezzonico was elected Pope, to bear the name of Clement XIII: for days and nights the family residence was brilliantly lit and thrown open for an interminable celebration party. Today the palace houses the 18th century Venitian museum and, together with a large collection of documents chronicling the elegance and splendour of life of Venice during the 13th century, it contains numerous important paintings. Outstanding among these are the fascinating sketches of Punchinello painted by Giandomenico Tiepolo for his villa at Zianigo – sarcastic and embittered reflections on a world falling to pieces.

When the solitary and quarrelsome Giandomenico Tiepolo died in 1804, the final disintegration of Venice was already under way. The thousand-year-old Republic had collapsed on 12 May 1797 on the arrival of the army of the French Directoire. Faced with Bonaparte's brute force, the Venetian rulers could raise no opposition but the feeble dithering of a diplomacy riddled with fear. The *Municipalisti*, a haphazard provisional government installed by French bayonets, comprised both nobles and bourgeoisie.

These were in part sincere patriots and in part the opportunist aristocracy who were only interested in protecting their privileges in case some long-awaited reform should be implemented (like the opening of the Ghetto and the emancipation of the Jews). None of the *Municipalisti* was up to the task, and the provisional government only served as Bonaparte's political decoy. He had, in fact, without a word to anyone, ceded Venice and her possessions (apart from the Ionian Islands) to the House of Austria, who had been waiting patiently for just such an occasion for centuries.

Foreign occupation – the first in the thousand-year-old history of Venice – saw the shipment of art treasures out of the city. The horses of San Marco left for Paris, as well as the lion that stands on the top of one of the two columns in the Piazzetta, and a collection of celebrated paintings. In order to meet the occupying army's demands for money, the *Municipalisti* melted down a good part of the Treasury of San Marco. When the Austrians entered the city in January 1798, they found the Arsenal empty and devastated. But the city itself had partially emptied as well.

As Giacomo Casanova (that great understander of men) had prophesied, hardly had the aristocratic government ceased to exist than a large part of the patrician class took to its heels. No longer held by their obligation regularly to attend the sessions of the Maggior Consiglio and the other administrative bodies, many of them preferred to move to the mainland: closer to their sources of income, but also to the comforts of modern life, to which the very special nature of Venice had only adapted to a certain extent. When Lorenzo

Da Ponte, Mozart's librettist, disembarked in Venice in early 1798, he found it difficult to recognize in that saddened and impoverished city the joyous, brilliant and exuberant one that he had known a few years previously.

However, Venice's troubles had only just begun. After eight sleepy years of Austrian rule, the victories of Bonaparte, who had now become Napoleon 1 Emperor of France, restored to him the decadent «Queen of the Seas». And during the eight years of Napoleonic rule, from 1806 to 1814, the face of the city changed. The massive suppression of churches and convents, as well as the «schools» of worship belonging to the arts and crafts guilds, led to an enormous dispersion of works of art, only some of which were recovered for the Galleria dell'Accademia di Belle Arti or for the Pinacoteca Centrale di Brera in Milano. Many of the churches that had been suppressed were demolished (or would be subsequently). Among Venice and the islands of the lagoon, Murano, Burano, Torcello, Mazzorbo and the smaller islands, seventy-two churches disappeared, many of which warranted much greater respect for their architectural value and rich painted decorations. Moreover, the extremely severe economic crisis that now hit the city, as a result of the continental blockade decreed by Napoleon and the English counterblockade, caused general hardship; and this led to a further scattering of many art collections and the demolition of a great many palaces that had been abandoned by their owners.

Thus, once-famous buildings were lost, like Palazzo Morosini «del Giardino» (of the garden) and Palazzo Venier «ai Gesuiti» (at the Jesuits), and the great Gothic Church of the Servi and the Renaissance churches of San Nicolò and Sant'Antonio di Castello. Also lost was the prestigious complex of the Certosa of Sant'Andrea and — demolished to make way for the Napoleonic wing that now closes off Piazza San Marco at the opposite end from the basilica — the Church of San Geminiano (built by Jacopo Sansovino, who was also buried there). In compensation, Venice was endowed with public gardens and a cemetery, and a wide, straight street (which no-one had previously felt any need

for), the «via Eugenia», so called in honour of the Viceroy of Italy Eugene de Beauharnais.
The short-lived Napoleonic era saw San Marco become the cathedral of Venice in place of the ancient cathedral of San Pietro di Castello. This decision was an unfortunate one for the old Doge's Chapel, since on a number of occasions its patriarchs would make clumsy alterations to the body of the precious building. The last of these patriarchs was Cardinal Roncalli, later Pope John XXIII, who had the disastrous idea of removing the 14th-century iconostasis (rood screen) crowned with the magnificent sculptures by Dalla Masegna, but who was finally content to saw off the lovely marble *plutei* at the base. However, a very much more significant event for the Catholic Church had taken place in Venice at the dawn of the 19th century. On the news of the death of Pope Pius VI, prisoner of the French Revolution at Valence, the Cardinals had met in the Benedictine monastery of San Giorgio Maggiore under the protection of the Austrian Emperor, and elected the new pontiff, Gregorio Barnaba Chiaramonti, Pius VII.

After a finale tormented by atrocious famine, Napoleonic rule came to a definitive end in 1814. Now the Austrians returned; and they were to stay for a long time. Their domination was interrupted in 1848 by the outbreak of a popular rebellion that would lead to the proclamation of the Republic and culminate in besieged Venice's heroic and stubborn resistance against overwhelming forces. By now, after the tragic end of the Roman Republic and the catastrophe of the Hungarian Revolution, the city was the last outpost of freedom in Italy and Europe; and would continue to be until 1866 when, on the basis of a plebiscite, Venice became an integral part of the Kingdom of Italy.

Austrian domination coincided with the birth and growth of the romantic myth of Venice. The city continued to cast a spell over the foreigner. While its other activities decayed (apart from the state industry of the Arsenale, there were very few other Venetian industrial enterprises, and trade was constantly in crisis), tourism continued to grow, and with it an antiques trade that often recklessly sought to sell off as much as it could of the city's remaining artistic heritage. Poets and novelists were morbidly attracted by the crumbling, decadent features of this impoverished Venice which, during the 1820s, would hit the lowest point in its history (the population had dropped enormously in numbers, and 40 per cent depended on public assistance in one way or another). Writers were also attracted by the «black legend» of the dead Republic: by the ghosts of the Consiglio dei Dieci, the State Inquisitors, their prisons and their real or presumed victims. Lord Byron burst into hymns of enthusiastic passion for the city that he dreamed of long before he had seen it; but then give vigorous poetic form to fantastically sinister interpretations of the lives of great Venetians of the past, like Marin Faliero and Francesco Foscari. Much more modest in terms of literary worth, the Florentine Niccolini wallowed in the lurid ingredients (also used by hugely popular novelists like Michel Zévaco) of the grim mythology of the secret Venetian annals of crime. These were years of great musical fortune for Venice.

The Gran Teatro La Fenice, inaugurated before the fall of the Republic with an opera by Domenico Cimarosa, then burnt down and then rebuilt in record time, continued to attract the greatest composers: the themes of the romantic theatre provided material for Giuseppe Verdi and his «Due Foscari», Gaetano Donizetti and his «Marin Faliero». Fortunately, after a quarter of a century of lethargy, there were those who took positive action (a leading role being played by Giustina Renier Michiel, granddaughter of the penultimate Doge, and by Girolamo Dandolo, last descendant of a great lineage) – but with patient research work and erudition. While Giustina Renier recreated the ancient Venetian festivals in her studies, and the erudite Emanuel Cicogna concentrated on the scientific and systematic exploration of sources, Samuele Romanin demolished slanders and malicious rumours with the weapons of original documentation and critical awareness in his «Storia documentata di Venezia». And it was the Emperor of Austria Franz I who promoted the organization of the State Archive, containing hundreds of thousands of documents concerning the history and life of Venice through the ages.

Among the foreigners who lingered in the elegant rooms of the Caffè Florian, the habitual meeting-place of international high society beneath the arcade of the Procuratie Nuove, there was Théophile Gautier and the Goncourt brothers, Hippolyte Taine and Nathaniel Hawthorne. The influx continued after 1866: Richard Wagner, who had composed an act of «Tristan and Isolde» in Venice, returned there to live (and he would die in the city in 1883); Robert Browning returned and bought Ca' Rezzonico. As guests of the Curtis family, American patrons of the arts who had bought Palazzo Barbaro on the Canal Grande, Henry James worked on his «Aspern Papers» and Edouard Manet sought to capture on canvas the play of light of the various phases of the Venetian day.

Turner painted the boats of the lagoon in his incomparable style, while others after him looked to the life of everyday Venice to provide inspiration for works of art of the highest quality. The most notable of Venetian painters of the time was the lively and brilliant Ippolito Caffi; while the latter half of the century saw the blossoming of a successful school of genre painting, represented by such artists as Luigi Nono and Alessandro Milesi. Unfortunately, so much gaiety in the arts did nothing to stop brutal and senseless projects for the urban redevelopment of the city's marvellous fabric. Even worse outrages would have been committed if it had not been for the furious outcry led by the dynamic historian Pompeo Molmenti (and when botched restoration work spoiled the basilica of San Marco, John Ruskin, greatest of all lovers of Venice, the city to which he dedicated perhaps his best work, «The Stones of Venice», rose in its defence).

Between the 19th and 20th centuries the city underwent a significant revival. And the period also saw the rise of a generation of skilful and successful Venetian enterpreneurs. The most well-Known and illustrious of these was Giuseppe Volpi di Misurata, who developed Porto Marghera in the hope (which later proved to be a vain one) that this would save island Venice from the damage that installation of a modern industrial port would cause. The decision to use the peripheral area of the Lagoon (traditionally known as the «Bottenighi») was taken in 1917 while the First World War was at its height. This was the year when, after the collapse of the Italian army along the Isonzo, the Austrians had advanced to the Piave. This was a few kilometres from Venice, and the city found itself in the front line. During The Great War, Venice would be one of the first European cities to be subjected to aerial bombardment. This was not the city's first experience of this kind of warfare, however. As far back as 1849, during the siege, the Austrians had dropped bombs on the city from hot air balloons. Now, however, the consequences were much more disastrous: a bomb made a direct hit on the church of Santa Maria di Nazareth or «degli Scalzi», frescoed by Giambattista Tieopolo; another exploded on the ancient building of the Scuola Grande di San Marco, now part of the civilian hospital, causing great loss of life; still other bombs fell close San Marco – which had remained miraculously undamaged when the bell tower collapsed in 1901 (the ancient tower was then rebuilt by vote of the City Council, «as it was and where it was»).

After the war had ended, once wounds had healed and once families, many of whom had been forced to flee to other Italian cities during the final stages of conflict, had been reunited, Venice experienced another wave of prosperity. Now, after long and heated arguments between the «pontisti» and the «antipontisti» (the supporters and opponents of the bridge), the first road causeway across the lagoon was opened on 25 April 1933. For the whole of its thousand-year existence Venice had remained isolated in the middle of her lagoon. It was only in 1846 that a railway bridge was built to connect the city with the mainland; now it was the turn of the road link, with its terminal in the final area of the Canal Grande. The building of the railways station had required the demolition of more churches, convents and palaces; and the car terminal also required the digging of a new canal to join already existing *rii*

(small canals) and thus speed up the motorized water traffic between the newly created Piazzale Roma and the stretch of the Canal Grande between Ca' Foscari and San Marco. Water transport by oar remained, however, despite the increase in motorboats. The present writer remembers, apart from the numerous private gondolas (known as «de casada») which today have entirely disappeared, the heavy transport «peate» and, moored at the Riva delle Zattere, the «trabaccoli», sailboats that used to trade with Istria, as well as the oared «burchi» which had to be drawn by horses to go up-river. All these would disappear for ever during the first years after the Second World War.

Venice lived though the Second World War without serious damage (although the final stages from 1943 to 1945 were especially harsh because of food shortages accompanied by exceptionally cold weather; and tragic because of the Nazi and Fascist repression that killed many innocent hostages). Between 1945 and 1950, island Venice reached its maximum population level with 184,000 inhabitants. However, the number of residents declined rapidly during the 1950s, and over the next thirty years would drop to its lowest ever figure: fewer than 90,000. This catastrophic decline was caused by a combination of various factors: the absence of a housing policy, difficulties over urban renewal, the refusal by many to accept inadequate living conditions with little chance of improvement, speculation designed to keep prices at extremely high levels, and much more besides. Simultaneously, the enormous chemical industry of Porto Marghera has caused huge environmental damage; and nature, brutally ravaged by the massive industrial and urban building progammes around the borders of the lagoon, has fought back with a dangerous increase in the high tides that novadays almost regularly flood the city. Thus, on 4 November 1966, an exceptional combination of circumstances – an extremely high tide (195 centimetres over the mean sea level) and gale-force scirocco winds – brought the Adriatic flooding over the barrier of the «lidi» until it seemed that Venice, invaded, lashed and submerged by the water, would die. At the time of writing (1988) still nothing has been done to provide comprehensive protection for the city, although the restoration of individual monuments has greatly increased, – often funded by the many private organizations created around the world in response to the appeal by that praiseworthy General Director of UNESCO, Réné Maheu. Nevertheless, there is good cause for hope. The legislative and financial basis for a solution to the twin great problems of the high tides and pollution has already been laid; the Italian Government has expressed its commitment to the saving of Venice, and there exists and operates a consortium for the necessary work. However the problem of living conditions in the city still remains: as has often been pointed out, Venice cannot and must not be reduced to a city of holiday homes, whose owners reside there for just a few weeks of the year. Venice must live, and not just by the ever-increasing, ever more superficial and uneducated tourism that pollutes and mortifies her in every sense.

However, parallel with this polluting and uncivil tourism, another, quieter, more permanent world prospers: the world of culture. Alongside the University and other traditional institutions, valuable work is being done by the «Giorgio Cini» Foundation (founded by a prominent businessman and great patron of the arts, Vittorio Cini, in memory of his son, who died at an early age), with its headquarters in the magnificently restored buildings of the old abbey of San Giorgio Maggiore. Despite blundering bureaucratic incomprehension, Venice has kept the precious collection of avant-garde art assembled by Peggy Guggenheim and curated by the Fondazione Solomon R. Guggenheim. Other foundations fund specialized studies in various fields; a number of foreign countries have established scientific centres in Venice, and, as well as an international school for art restorers promoted by the Council of Europe, a European oncological research centre has recently been opened on the island of San Servolo.

The unchecked boom in the tourist trade has spoiled some of the best-loved and picturesque areas of Venice, like the delightful Rialto market, where many of the traditional foodstalls have given way to depressing vendors of tawdry gewgaws, made in Taiwan or Hong Kong and hawked as «Venetian specialities». Tourism has transformed the gondolas, so dear to poets from Goethe to the present day, into vehicles for the transportation of gaggles of shirtless tourists enraptured by the breathless warbling of the gondolier. Nevertheless, during market hours, the *Erbaria* still overflows with the multi-hued, mouth-watering products of the lagoon and the fertile Veneto mainland, and the Pescheria still squirms with fish and crustacea from the Adriatic. And, even if the Canal Grande is too often a motorboat race track and, sometimes, so jammed with traffic that it seems like the main street of a city on land, all you have to do is lose yourself in the small «calli» and «campi» of the remotest parts of Dorsoduro and Castello to find once again the enchantment of the real Venice; the city that has seduced so many, many inspired and generous hearts over the centuries.

Some of them never wanted to escape from her spell again: like Sergeij Diaghilev, the creator of the «Ballets Russes», who shaped the international taste of the 1920s, like Igor Stravinskij, like Ezra Pound – all buried beneath the tall cypresses of the peaceful cemetery of San Michele in Isola. In this Venice, recognizable in the narrow alleys of the Ghetto with its high buildings, in the *«rii»* of Castello and Dorsoduro, where boats are moored stuffed with opulent fruits, one can still dream. Certainly, Venice is backed by a region which, underdeveloped and extremely poor twenty years ago, is now at the forefront of productivity and development. Let us hope that this thriving mainland will recognize and defend the extraordinary jewel that may be its constant preoccupation but also is its glory: the peerless, matchless treasure that is indisputably the property, not of a region, not of a nation, but of the whole of the civilized world.

ALVISE ZORZI

Torcello, «turris coeli», der Turm des Himmels (die Etymologie ist trügerisch, aber eindrucksvoll), wo der nach dem von San Marco mächtigste Glockenturm des Mündungsgebiets hoch über der Weite des Wassers, über ausgedehnten Gemüse-, Röhricht- und Stoppelfeldern den Jahrhunderten zu trotzen scheint, lebt wie nirgendwo anders die Atmosphäre des ursprünglichen Venedig gleichermaßen eindringlich wieder auf. Von hier möchte ich, daß alle Begegnungen mit Venedig begännen; nicht die der atemlosen Touristen, die auch diese Ecke der Lagune überschwemmen und sie aus ihrer Ruhe reißen, sondern die Begegnungen derer, die die Stadt ein wenig näher kennenlernen möchten, diese Stadt und die von ihr geschaffene einmalige Kultur, welche zu oft zu Niedrigpreisen verkauft wurde. Die Zeit und vor allem die Menschen zerstörten das Werk vieler Jahrhunderte, wodurch sie einen weit zurückliegenden Zustand wiederherstellten. Denn wenn auch, als die Stadt im Jahr des Heils 639 gegründet wurde und im byzantinischen Ravenna der Exarch Isaccio regierte, die Basilika von Santa Maria Assunta ihren mächtigen Bau über eine größere Anzahl von Häusern als jetzt erhob, so zeigten die Inseln, die das heutige Venedig bilden, wahrscheinlich ein sehr ähnliches Bild, wie uns heute Torcello bietet.

Als die Basilika zu Torcello gebaut wurde, sollte es noch hundertsiebzig Jahre dauern, bis die Hauptstadt des Mikrokosmos Lagune in den Archipel von Rialto verlegt wurde, den ursprünglichen Kern des zukünftigen Venedig. Die römisch-venetischen Bewohner des Hinterlandes, die in die Lagune umgesiedelt waren, zunächst zeitweilig, um den Raubzügen von Stämmen, wie den der Hunnen Attilas, «flagellum dei», zu entkommen, dann endgültig, um nicht Bürger des neuen in Italien gegründeten Langobarden-Reiches zu werden, hatten andere Niederlassungen bevorzugt, am Rande des der Adria zugewandten Küstenstreifens, wie etwa Jesolo, Caorle, Malamocco oder tief im Innern der Lagune, die damals ausgedehnter als heute war, wie eben Torcello und Eraclea. Es ist aber wahrscheinlich, daß auch auf den Rialto-Inseln in lange vergangenen Zeiten schon Siedlungen existierten. Man hat sogar behauptet, daß der massive

quadratische Turm, der heute in Richtung Piazzetta den Palazzo Ducale mit der Basilika von San Marco verbindet, der sogenannte Schatzturm (Torre del Tesoro), auf einem antiken, vielleicht römischen Bau errichtet worden sei. Aber der alltägliche Kampf um Landgewinnung, zur Festigung der *barene,* jenes Landes, das durch die Gezeiten vom Wasser überspült und dann langsam wieder freigegeben wird, der *velme,* schlammiges und unstabiles Land, und der festeren Erdhügel, die hie und da auftauchen (in Dokumenten aus dem Mittelalter heißen sie *tumbae*), um Dämme zu bauen, um Wasserlöcher und sumpfige Teiche aufzufüllen, um *ghebi* oder Sumpfkanäle zu graben, die für die Schiffahrt geeignet waren, um das Moor urbar zu machen, Röhricht zu entfernen, dauerte im venezianischen Archipel noch viele Jahrhunderte, nachdem 810 der Doge Agnello Parteciaco die Hauptstadt des Herzogtums dorthin verlegt hatte und nachdem im Jahre 829 geschickte venezianische Kaufleute die Gebeine des heiligen Markus, des Evangelisten, aus Alexandrien dorthin gebracht hatten. Er war im vollen Gange, als Orso Orseolo, Bischof von Torcello und Sohn eines Dogen, Santa Maria Assunta restaurierte und den Glockenturm an ihrer Seite erhöhte (man zählte das Jahr Tausend, es fehlten noch zwei Jahrhunderte bis zur Herstellung des außerordentlichen Mosaiks im Innern der Fassade, das vom Letzten Gericht erzählt) und als der Doge Domenico Contarini die Basilika von San Marco in der Form zu erneuern begann, die sie in großen Linien noch heute aufweist: Man sagt nach dem Modell einer heute nicht mehr existierenden berühmten Kirche von Konstantinopel, die Basilika der Santi Dodici Apostoli, sicher aber nach orientalischem Muster, wie es die Kuppeln mehr als eindeutig offenbaren; noch stärker orientalisiert wurde sie durch einen Umbau im 13. Jahrhundert.

Spuren hat die Landgewinnung für eine Stadt, die eine der dicht bebautesten der Welt werden sollte, bis auf den heutigen Tag in den Straßennamen hinterlassen. Diese sprechen einmal von Wasserlöchern, dann von Beeten, Sümpfen. Wasserlöcher, Beete und Sümpfe verschwanden zu großen Teilen im Laufe des 12. Jahrhunderts, einer Epoche großer Bauspekulation und intensiver

Urbanisierung, und im Laufe des nachfolgenden Jahrhunderts. Blumen- und Küchengärten blieben zahlreich in Murano, modischem Ferienort bis zum Ende des 16. Jahrhunderts, also bis die Stabilisierung der Herrschaft der Serenissima über das venetisch-friaulische Hinterland auch die Venezianer, welche es bis dahin noch nicht getan hatten, veranlaßte, ihr Geld in Grundbesitz zu investieren und nicht mehr in den Abenteuern des Überseehandels zu riskieren, der sie so außerordentlich bereichert hatte. Murano war nicht nur, seitdem die Glashütten (eine seit ältesten Zeiten in Venedig ansässige Industrie) dort konzentriert wurden, die Stadt der Glasbläsermeister, sondern bis zum Ende des 18. Jahrhunderts sollte es auch die Insel der Villen und Klöster bleiben, im Schatten eines anderen massiven Turms, des der Basilika der Santi Maria e Donato, welcher neben seiner herrlichen Kirche aus dem 12. Jahrhundert über eine durch die napoleonischen Stürme verwüstete Insel wacht, von denen sie noch heute gezeichnet ist; daneben weist sie die Spuren der nachfolgenden Epochen von Niedergang, Aufstieg, Wohlstand, erneutem Niedergang und erneutem Aufstieg der Industrie und vor allem der Glasherstellung auf.

Wir haben im Galopp den Ritt durch die venezianische Geschichte begonnen, wie ihn uns die schönen Fotographien von Angela Prati vorschlagen. Aus einem Abstand von mehr als 1300 Jahren seit der Errichtung der Basilika von Torcello, von 1567 Jahren seit der legendären Gründung von Venedig am 25. März des Jahres 421 nach Christus (die Geschichtswissenschaft lehnt dieses Datum ab, und keiner glaubt mehr daran, aber die alten Venezianer glaubten daran, die bis zum Ende ihrer Unabhängigkeit das Jahr mit dem 25. März beginnen ließen) scheint das lange, außerordentlich lange Geschehen der ersten Jahrhunderte schnell vorüberzugehen, wenig Elemente gehen direkt im Stadtbild auf es zurück oder beziehen sich darauf. Obwohl die alten Venezianer lange in Sachen Kunst traditionalistisch und konservativ geblieben sind (und das erklärt das lange Überleben byzantinischer Formen und später der Gotik in Malerei und Architektur), haben sie schließlich doch immer die Anregungen durch neue künstlerische Moden aufgenommen und haben vor allem die Kultstätten, aber nicht nur diese, erneuert und modernisiert, wo immer sie es haben machen können. So wurde der Palazzo Ducale, ursprünglich eine Wehrburg, in ein recht originelles gotisches Bauwerk verwandelt, mit Erweiterungen aus dem 16. Jahrhundert. So hat auch die Basilika von San Marco relevante romanische und vor allem gotische Eingriffe erlitten, welche dazu beigetragen haben, aus ihr dieses verblüffende und faszinierende Kompendium von Stilen zu machen, das sie heute ist. An die ursprüngliche Fassade der Basilika des Dogen Contarini erinnert uns nur das Mosaik der Überführung des Körpers des Evangelisten über dem äußersten linken Bogen der heutigen Fassade. Und mit Sicherheit sind aus sehr alten Zeiten, im strengen Sinne des Wortes, im heutigen Venedig nur Fragmente erhalten. Sie sind in den Markusdom oder in das suggestive romanische Kloster der Santa Apollonia eingefügt, außerdem zahlreiche Fragmente von Skulpturen, Schalen, Ornamentteile, Teile von Kapitellen, Einfassungen an hundert verschiedenen Orten der Stadt. Zeugnisse nicht so sehr von alten Zeiten als vielmehr von der Anziehungskraft des neuen Zentrums, des heutigen Venedig, gegenüber den alten Lagunenorten wie Jesolo, Malamocco, Eraclea, Ammiana, Costanziaca; einige von ihnen sind heute nichts mehr als Namen, und alle verfielen mehr oder weniger schnell, als das neue Zentrum der Macht, der Wirtschaft und des Lebens sich auf den Inseln im Schatten der Basilika des Evangelisten und des Dogenpalastes fest einrichtete. Es ist keineswegs auszuschließen, daß angesichts des chronischen Mangels an Baumaterial derjenige, der aus den alten Zentren ins neue übersiedelte architektonisch Nötiges und Dekoratives mitbrachte, um Kirchen und neue Wohnungen zu verschönern.
Die ältesten, uns ganz oder nur zum Teil erhalten gebliebenen Gebäude, die auf ein vom römisch-byzantinischen Stil und Geschmack geprägtes Venedig zurückzuführen sind, gehen nicht auf die Zeit vor dem 13. Jahrhundert zurück. Unter den Überresten fallen besonders die bemalten Archivolte auf, die die Bögen von heruntergekommen oder verschwundenen Palästen

schmücken, wie der des Palazzo von Marco Polo im Corte del Milion oder der des Palazzo, von dem uns ein suggestiver Eingang erhalten blieb, die heutige Corte Botera in Castello. Von den mehr oder weniger erhalten gebliebenen Gebäuden sind die zwei Paläste Donà «della Madoneta», Palazzo Barzizza, Palazzo Busenello zu nennen, alle am Canal Grande, wie der bekannteste von allen (John Ruskin bevorzugte ihn) der Palazzo da Mosto, der sich genau gegenüber der *Erbaria* di Rialto, nicht sehr weit von der berühmten Brücke befindet. Und Überbleibsel bis zu einem gewissen Punkt, weil im vorigen Jahrhundert von skrupellosen Restaurateuren willkürlich umgestaltet, ist der Fondaco dei Turchi, früher Palazzo dei Pesaro und dann der Familie Este, welcher nach Sergio Bettini das Modell städtischer Bauweise in spätrömischer Zeit wiedergebe.

Aber vergessen wir nicht, mit dem 13. Jahrhundert haben wir schon die romantische und vage Atmosphäre der Anfänge Venedigs verlassen: Wir befinden uns schon mitten in einem siegreichen, überheblichen, aggressiven, reichen, erobernden Venedig. Die römisch-venetischen Bewohner, die die Lagune verlassen hatten, um nicht eines langobardischen Königs Untertanen zu sein, hatten sich in der Tiefe der Jahrhunderte gewünscht, und es auch erhalten, vom einzig übriggebliebenen römischen Kaiser, dem Ostroms, der in Byzanz regierte, abhängig zu sein. Das hinderte sie nicht daran, sobald als möglich, gute Beziehungen auch zum andern Reich zu knüpfen, das am Anfang des 9. Jahrhunderts von Karl dem Großen auf dem Kontinent geschaffen worden war. So hatten sie allmählich ihr Handelsnetz immer mehr ausgedehnt, dabei durch immer günstigere Klauseln in Abkommen mit der Macht auf dem Festland und durch immer größere Privilegien von Seiten des weitentfernten byzantinischen Kaisers geschützt, dem gegenüber sie im Laufe der Zeit aus Geschützten zu Beschützern wurden, niemals ohne ihre Interessen dabei zu wahren, vielmehr immer fordernder, je mehr sie gebraucht wurden. Das Jahr Tausend hatte an der istrischen und slawischen Küste die venezianische Macht an die Stelle der byzantinischen treten sehen: In einem triumphalen Kreuzzug hatte der Doge Pietro Orseolo II. die

Unterwerfung der Städte und Küstengemeinden von Capodistria bis Ragusa gefordert und erhalten. Später hatten die Venezianer im Interesse Byzanz die neuen bedrohlichen Protagonisten des Mittelmeerraums, die Normannen, bekämpft. Die kostbaren Waren, die aus dem Orient kamen: Seidenwaren, Schmuck und vor allem Gewürze, welche in einer Epoche, die keine Reizmittel kannte, die die Lebensmittel nicht zu konservieren wußte und die nur über wenige Arzneimittel verfügte, notwendig und gefragt waren, wurden im Okzident wieder verkauft. Von dort kamen andere Waren, die im Morgenland gefragt waren: Stoff aus Frankreich und Flandern, Eisen aus der Steiermark. Dann gab es manchmal noch kostbarere Waren: das Glas aus Murano, das in den Salinen der Lagune produzierte Salz und die Sklaven, Neger oder Slawen, Tartaren oder Tscherkessen. An all diesem Handel, diesem Hin- und Herschiffen, nahm die gesamte Stadt sowohl direkt als auch in finanzieller Sicht teil. Der Reichtum sammelte sich so nicht nur in den Händen der großen Handelsherren, sondern in allen Schichten der Bevölkerung. Da das Zentrum des Mittelmeerhandels die Hauptstadt des byzantinischen Reiches, das in aller Welt wegen ihres Reichtums und ihrer Pracht berühmte «zweite Rom», war, bildeten sich in Konstantinopel Kolonien italienischer Kaufleute, unter denen die der Venezianer die zahlreichste und die reichste war. Ein zunehmendes Minderwertigkeitsgefühl, das in den Byzantinern durch die ökonomische Übermacht der Kolonie provoziert wurde, nährte eine Konfliktualität, die sich in Gewaltakten entlud, welche bishin zur Gefangennahme aller Venezianer des Reiches, die der Kaiser Manuele Comneno im Jahre 1171 verordnete, gingen. Die byzantinischen Dynastie-Streitigkeiten sollten dann am Anfang des 13. Jahrhunderts ein dramatisches und unvorhersehbares Ereignis auslösen: die Lenkung des vierten Kreuzzugs, den Venedig mit Schiffen und Geldern ausgerichtet hatte, gegen das höchst christliche Konstantinopel. Noch heute diskutiert man über die Rolle, die der mächtige Stadt-Staat in dieser Aktion gehabt hat, welche die Eroberung, Plünderung und Verwüstung der herrlichen Hauptstadt des Reiches durch die

Kreuzfahrer zur Folge hatte, und die den Dogen von Venedig laut der merkwürdigen Formulierung zum «Beherrscher des vierundeinhalben Teils des gesamten oströmischen Imperiums» machte.

Uns reicht es aus, im Venedig, das wir durchlaufen, die Reste der märchenhaften Beute der Plünderung Konstantinopels wiederzufinden: die kostbarsten Reliquien des Markus-Schatzes (an San Marco, die Staatskirche, ging, abgesehen von den Gaben, die die Gläubigen dem Schutzpatron der Stadt, dem Evangelisten, darbrachten, das stolze Zeichen der Vormachtstellung des Staates über die Macht der Kirche) und die vier bis vor einigen Jahren, über mehr als siebeneinhalb Jahrhunderte seit ihrer Ankunft, auf der Fassade der Basilika stampfenden berühmten Bronze-Pferde, die dazu bestimmt waren, integraler Bestandteil des Mythos Venedig zu werden.

Ein Meisterwerk römischer Bildhauerkunst aus der Zeit Konstantins des Großen nach einigen, nach anderen ein Zeugnis griechischer Kunst von einem ihrer Momente höchster Blüte, dem Kreis um Lisippo, das berühmte Viergespann ist das einzige unversehrt auf uns gekommene. In Konstantinopel, wo es von Rom aus angelangt sein soll (dort soll es den heute verschwundenen Triumphbogen des Nero geschmückt haben), standen die Vier-Bronze-Tiere lange im Hippodrom, Nabel der antiken Weltstadt und Schauplatz großartigen und blutigen Geschehens jeglicher Art. Der neunzigjährige Doge Enrico Dandolo, der tatkräftig das Kreuzzugs-Abenteuer geleitet hatte, hat sie im Jahre 1205 nach Venedig geschickt, und sehr schnell stiegen sie zum Symbol des siegreichen und triumphierenden Venedig auf, nur dem geflügelten Löwen des Evangelisten Markus folgend, dem ein unbekannter Dichter des 15. Jahrhunderts das stolze Motto zueignete: *«Io sono il gran Leon, Marco m'appello / disperso andrà chi me sarà rubello»* (Ich bin der große Löwe, Markus heiße ich, vernichtet wird, wer sich gegen mich auflehnt).

So trug, als Venedig und Genua sich am Ende des 14. Jahrhunderts im Krieg als unversöhnliche Feinde gegenüberstanden (es handelt sich um den letzten Akt eines äußerst langen Krieges, der zwischen Siegen und Niederlagen, zwischen Waffenstillständen und erneuten Kampfhandlungen mehr als anderthalb Jahrhunderte dauerte), die Drohung des genuesischen Admirals Pietro Doria, der am Rande der Lagune bei Chioggia lagerte, er wolle «den Pferden von San Marco Zügel anlegen», dazu bei, in den Venezianern Begeisterung und Schwung für einen Gegenangriff zu wecken, der nicht nur die Genueser aus der Adria vertrieb, sondern auch den Beginn des Niedergangs Genuas als politische und militärische Macht markiert. Daher wurden auch, als 1797 die Italien-Armee der Französischer Revolution, die ein junger General mit maßlosem Ehrgeiz, Napoleon Bonaparte, befehligte, den Zusammenbruch der tausendjährigen Republik Venedig und das Ende der venezianischen Unabhängigkeit herbeiführte, die Pferde von der Fassade der Basilika heruntergenommen und nach Paris geschickt, um an der Spitze des Triumphbogens von Carosello eine der Nachwelt zu überliefernde Tat zu feiern. Die Feierlichkeiten bei ihrer Rückkehr, die durch die Vermittlung vieler: des Herzogs von Wellington, Lords Castelreagh, des großen Bildhauers Antonio Canova, ermöglicht wurde, erzeugten eine Welle von Enthusiasmus, die dem Kaiser von Österreich Franz I., wesentlicher Urheber der Rückkehr, eine Zeit unzweifelhafter Popularität garantierte.

Das wechselhafte Schicksal der Pferde in jünster Zeit hat nur allzu oft die Ehre, Gegenstand von Zeitungsberichten zu sein: Anläßlich der zwei Weltkriege unseres Jahrhunderts nahm man die Pferde herunter und bewahrte sie an sicherer Stelle auf; man glaubte sie an Bronze-Krebs erkrankt und entdeckte dann, daß sie gesund waren; man entfernte sie von ihrem angestammten Platz und ersetzte sie durch schlechten Kopien, um sie vor Schadstoffen in der Luft zu schützen, setzte sie aber großer Gefahr durch unangebrachte Verschickungen zu Ausstellungen in die ganze Welt aus. Heute ist das Viergespann im Museum von San Marco ausgestellt und aus der Nähe betrachtet, offenbart es seine außerordentliche Kraft ebenso wie die «Pala d'oro», die goldene Schaufel, auf dem Hauptaltar der Basilika unter dem Ziborium, das von vier Bildersäulen syrischer oder ravennatischer Herkunft getragen wird, ihre ganze Feinheit. Von ihre sprechen alte venezianische Chroniken als das kostbarste Stück des einst sehr reichen und noch heute ansehnlichen Kirchenschatzes von San Marco (der vor der Plünderung im Jahre 1797 auch die Krone der Reiche von Zypern und Kreta und die *zogia* oder das Juwel per Antonomasie, der kostbare mit Perlen und Edelsteinen besetzte *corno,* das Horn, das zur Krönung des Dogen diente, umfaßte).

Die Schaufel ist älter als die Eroberung Konstantinopels und vom Dogen Sankt Pietro Orseolo I. zwischen 976 und 978 in Auftrag gegeben und vom Dogen Ordelaf Falier im Jahre 1105 ausgeschmückt worden; erst der Doge Pietro Ziani aber, dem man den Vorschlag, die Führung des venezianischen Staates nach Konstantinopel zu verlegen, zuspricht, ein Vorschlag, der mit nur einer Stimme Mehrheit zurückgewiesen wurde, hat sie mit den 7 großen Emailleverzierungen des oberen Teils, die, so scheint es, aus dem byzantinischen Kloster des Pantòcrator stammen, vervollständigt (ein anderer Doge, der gebildete und feinsinnige Andrea Dandolo, ließ sie im 14. Jahrhundert neu gestalten, und damals erhielt sie auch den eleganten gotischen Rahmen).

Die Eroberung und Plünderung Konstantinopels führten eines der größten Schmuckstücke des Markusdoms nach Venedig, die wundertätige Ikone der Jungfrau *Nicopéia,* «Siegesbringerin». Sie habe, so sagt man, in früheren Zeiten dem Kloster des Heiligen Johannes des Theologen zu Byzanz gehört. Es handelt sich um ein am Anfang des 12. Jahrhunderts auf Holz gemaltes Bild in einem an Heiligendarstellungen reichen Emaillerahmen. Die byzantinischen Kaiser nannten es auch *Odegetria,* «die Heerführerin», und sie pflegten es, in Feldschlachten dem Heer vorauszutragen. Heute, wo es nicht mehr um militärischer Siege willen, sondern als Beschützerin Venedigs angerufen wird, ist es von den Kerzen und dem Gebet der Gläubigen umgeben, die sich vor ihm in Andacht sammeln, ungeachtet des von den Touristen erzeugten Durcheinander, welche ohne Unterlaß in den Schiffen der antiken Dogenkapelle, die erst 1807 in Kathedrale umgewandelt wurde, einander ablösen. Die Kapelle, wo das Bild verehrt wird, ist eine der ältesten Orte venezianischer Volksfrömmigkeit.

San Marco, die Dogenkapelle, scheint mit dem Dogenpalast eine Einheit zu bilden. Mit ihm ist sie in mehreren Punkten verbunden, und auf dessen Hof geht die außerordentliche Rosette der Kirche, geniales Einschiebsel der blumigen Gotik des Quattrocento in den byzantinischen Kontext der Kirche. Dogenpalast, aber vor allem Palast des venezianischen Staates, von dem der Doge lebendes Symbol war, mit prunkvollen und kostbaren Gewändern ausgestattet, aber mit wenig Macht versehen. «Fürst bei den Zeremonien, Senator im Senat, Gefangener in der Stadt, schuldig, wenn er sich von der Stadt entfernt...», so definiert ihn ein alter lateinischer Spruch. In Wirklichkeit war der Doge, ob nun von der in den ersten Jahren der Republik souveränen Volksversammlung gewählt oder ob das Erbe des Vaters antretend (das letzte ein den Venezianern traditionellerweise verhaßtes Prinzip, aber manchmal in den ersten Zeiten angewandt) über lange Zeit ein Monarch. Ein langsamer und unaufhaltsamer Erosionsprozeß hatte aber allmählich seine Vorrechte geschmälert, bis er ein Magistrat, der erste Magistrat der Republik, wurde, einer der wenigen auf Lebenszeit, vornehmlich auf eine repräsentative Funktion beschränkt. Innerhalb derer konnte jedoch ein Doge, der die parlamentarischen Mittel, die das Leben des Staates regelten, kannte und zu gebrauchen wußte, viel, ja sehr viel Gewicht haben: wie jener Francesco Foscari, den wir kniend vor dem Leone di San Marco auf dem Arco della Carta sehen (Das Standbild ist eine Kopie aus dem 19. Jahrhundert, aber das Original können wir noch im Innern bewundern), Held großer politischer Kämpfe und schmerzlicher persönlicher Begebenheiten, die Dichtern wie Byron und Musikern wie Giuseppe Verdi Stoff lieferten, Hauptverantwortlicher der Eroberung des venezianischen Hinterlandes und des Endes der traditionell isolationistischen venezianischen Politik am Anfang des 15. Jahrhunderts, oder wie sein politischer Hauptgegner, sein Vorläufer Tommaso Mocenigo, dessen Grabmal sich in der Domenikanerkirche SS. Giovanni e Paolo befindet, ein reicher und umsichtiger Kaufmann und geschickter Admiral, heftiger Gegner der Ausdehnung auf dem Land und Unterstützer der venezianischen Tradition, «das Meer zu pflügen und die Erde in Ruhe zu lassen», Autor einer Rede, die er sterbend gehalten haben soll, um dem Foscari den Thron streitig zu machen, und in der eindrucksvoll die Reichtümer Venedigs, seiner Handelsherren, seiner Reeder und seiner Handwerksbetriebe aufgezählt werden.

Auch jener Andrea Dandolo, den wir vorher bereits erwähnten, war kein Doge von geringem Ansehen. Er war ein feinsinniger Humanist, Freund von Francesco Petrarca und nicht zuletzt Autor wichtiger historischer Studien. In der Taufkapelle von San Marco hat er endlich Ruhe gefunden nach einer schwierigen, von großen Problemen gekennzeichneten Regierungszeit: die Konsequenzen der schwarzen Pest, die mehr als ein Viertel der Einwohner hingerafft hatte, die wiederholten Unruhen auf der großen Insel Kreta, einer venezianischen Kolonie, die Verschärfung des Konflikts mit Genua. Alle diese Elemente sollten dann zum tragischen Ende seines Nachfolgers Marin Faliero beitragen, der im Jahr 1355 enthauptet wurde, weil er an einer Verschwörung teilgenommen hatte, die es sich zum Ziel gesetzt hatte, die Ordnung Venedigs, die auf der kollektiven Herrschaft des Adels basierte, umzukehren und auf das sogenannte «popolo grasso», das «fette Volk», auf die Großbourgeoisie der Industriellen und Reeder, zu stützen. Der Palast des Dogen Dandolo, wesentlich älter als dieser, ist heute unter dem Namen seiner späteren Besitzer als Ca' Farsetti bekannt und Sitz des Rathauses: Er ist eins der elegantesten Beispiele venezianischer Stadtarchitektur des 13. Jahrhunderts, wie auch der sich in seiner Nähe befindende Palast, welcher fälschlicher Weise Palazzo Loredan genannt wird und der Federico Corner gehörte, dem reichsten unter allen venezianischen Kaufleuten des 14. Jahrhunderts.

Der Bogen der venezianischen Glanzzeit hat seine Fundamente in den Jahren vor Tausend und umfaßt, ungeachtet der politischen, wirtschaftlichen und militärischen Wechselfälle Italiens und des Mittelmeerraums, fünf lange Jahrhunderte. In ihrem Verlauf entwickelt sich die venezianiche und venetische Kunst harmonisch aus ihrem römisch-byzantinischen Ursprung über die außergewöhnliche, höchst originelle gotische Periode, die in der Stadt eine unauslöschliche Spur hinterlassen hat, zur klassizistischen Grandiosität des späten Cinquecento.

Die gotische Architektur erhält auf religiösem Gebiet einen bedeutenden Impuls durch den Erfolg der Bettelorden, Franziskaner, Domenikaner, Augustiner und Serviten, die ihre Kirchen bauen: Santa Maria Gloriosa dei Frari (*Frari* steht für Mindere Brüder) und Santi Giovanni e Paolo, Santo Stefano und Santa Maria dei Servi, diese letzte verfiel am Anfang des letzten Jahrhunderts, berühmtes Opfer der napoleonischen Zerstörung. Auf der Piazzetta, die in Richtung auf den weiten Wasserspiegel des Bacino di San Marco hin offen ist, mit ihren zwei hohen Säulen von *Marco* e *Tódaro* (Sankt Markus und Sankt Teodorus), welche nach einem glücklichen Ausdruck von Terisio Pignatti wie das großartige Tor der Lagunenhauptstadt die Seefahrer begrüßen, thront das schillernde Bauwerk des Dogenpalastes, während auf den *campi* der Stadt (man nennt die Plätze *campi*, «Felder», denn in Venedig gibt es nur einen Platz, und das ist Piazza San Marco) nach und nach die neuen Backsteinkirchen auftauchen, für deren Inneres das Patriziat sein Reichtum hergeben und sein Mäzenatentum ausüben wird. In Santa Maria dei Frari stehen das Grabmal von Francesco Foscari, ein Meisterwerk des Antonio und Paolo Bregno und dasjenige von Nicolò Tron, ein Meisterwerk des Rizzo, auf; später läßt sich das reiche Haus der Pesaro, verführt von der «Assunta», die der Künstler für den Hauptaltar gemalt hat und suggestiv von den Chorschranken, welche nach alter venezianischer Tradition das Mittelschiff durchbrechen, eingerahmt wird, von Tizian das Bild des Familienaltars malen. In der Kirche der Santi Giovanni e Paolo häufen sich die Grabmäler der Dogen und die Altarbilder großer Künstler, Giambellino, Vivarini, Lorenzo Lotto und wieder Tizian. Die Kirche, die umfangmäßig größte Venedigs, ist Ort der Trauerfeierlichkeiten für die Dogen.

Aber die mächtige Welle venezianischer Gotik, teils orientalisch-arabischer Herkunft, teils von nordischen Beispielen, flämischen und englischen, inspiriert (die venezianischen Handelsgaleeren liefen

Alexandrien in Ägypten, aber auch Brügge und Southampton an) bilden die bis ins fortgeschrittene Quattrocento entstehenden unzähligen Paläste am Canal Grande und an den kleineren Kanälen, auf den Plätzen und in den Gassen. Es handelt sich um ein wahres Heer gotischer Häuser, ausgezeichnet mit allen Namen des patrizischen Wappenbuches: *ca' (ca' = casa = Haus: Wie es in Venedig nur einen Platz gibt, so gibt es nur einen Palast, Palazzo Ducale)* Soranzo auf Campo San Polo und *ca'* Sagredo bei Santa Sofia; der hochelegante Palast der Pisani *moretta* und jener, grandios und ein wenig düster, der Pesaro degli Orfei; der mysteriöse Palast Van Axel bei der Miracoli und jener halb zerfallene, aber noch eindrucksvolle der Contarini *porta di ferro* bei San Francesco della Vigna... Ihren Höhepunkt erreicht di gotische Stadtarchitektur Venedigs mit der Ca' d'Oro, die der Patrizier Marin Contarini zwischen 1422 und 1434 erbauen ließ. Er wollte möglichst viele Teile der phantasievollen Fassade vergoldet haben und beauftragte den lombardischen Architekt und Steinmetz Matteo Raverti und die venezianischen Bildhauer Giovanni und Bartolomeo Bon mit dem Bau. Bekannt, mehr als bekannt, von verantwortungslosen Besitzern vernachlässigt, aber gelungen und liebevoll von einem sensiblen und genialen Mäzen, Giorgio Franchetti, restauriert, um außergewöhnliche Kunstsammlungen zu beherbergen, erneut gründlich restauriert und umgebaut, um weitere Gemäldesammlungen aufzunehmen, ist die Ca' d'Oro eins der klassischen Symbole der künstlerischen Kultur Venedigs. Sie evoziert, wie die Basilika von Torcello die konfliktreiche Welt der Anfänge, wie nichts anderes das raffinierte und prächtige Quattrocento.

In bezug auf Namen, Persönlichkeiten und Architekten der großen gotischen Epoche waren die Archive bis jetzt nicht sehr großzügig mit Offenbarungen. Die Figur des Architekten zeichnet sich im künstlerischen Panorama Venedigs erst nach der Eroberung des venetischen Festlandes klarer und schärfer ab. Das Festland, man denke daran, umfaßte einen großen Teil der Lombardei mit Bergamo, Brescia und Crema, sodaß bis 1797 die westliche Grenze der Serenissima die Adda bildete. Das anfängliche Bindeglied von

venezianischer Architektur und humanistischem Renaissance-Klima, dem sich die Malerei schon zugewandt hatte, trägt den Namen Antonio Rizzo, vielleicht ein Veroneser (oder vielleicht aus Como? Die Lombarden, die auch Bahnbrecher einer «neuen» Architektur sind, sind Tessiner). Das Ende dieser Erfahrung, welches in herrlichen Bauwerken wie der Torre dell'Orologio, der Fassade von San Zaccaria, dem Palazzo Vendramin Calergi seinen Ausdruck findet, trägt den Stempel der Persönlichkeit des Bergamasken Mauro Codussi. Die Verbindung zwischen Venedig und dem Festland, die sich auf politischer Ebene auf die Dauer als unfruchtbar erwies, brachte auf dem Gebiet der Kunst viele Früchte. Im Gefolge der höchst venezianischen Dynastien der Vivarini und Bellini, der träumerischen, venezianisch-dalmatischen Persönlichkeit von Vettor Carpaccio, nach dem genialen «Bruch» von Andrea Mantegna, der zu Isola di Carturo im Hinterland von Padua geboren wurde, gibt es eine Fülle von Persönlichkeiten einer «venetischen Schule», die sich sowohl aus der Stadt als auch aus dem Hinterland rekrutiert: Lorenzo Lotto stammt aus Treviso, Giorgione aus Castelfranco, Tizian, der so venezianische Tizian, aus Pieve di Cadore; und wenn Tintoretto gebürtiger Venezianer ist, so stammt Paolo Veronese, wie der Übername sagt, aus Verona. Alle aber tragen dazu bei, daß jene harmonische Einheit zustande kommt, die die venezianische Renaissance mit all ihren Spannungen und Impulsen bis zu ihrer abschließenden Phase am Ende des Cinquecento darstellt, jener Glanzzeit, welche ihre ganze Pracht bei den denkwürdigen Feierlichkeiten anläßlich des Besuchs von Heinrich III. von Frankreich 1574 und der Krönung der Dogin Morosina Grimani Morosini einige Jahre später entfaltete.

Das 16. Jahrhundert, so hat man gesagt, kündige den Niedergang der Republik Venedig an. Der Sieg bei Lepanto, der die türkische Expansion im Mittelmeer beendete, war vor allem ein Sieg Venedigs, aber für Venedig war es ein Pyrrhus-Sieg, er bildet den Scheitelpunkt, der Venedigs Übergang vom Rang einer Weltmacht zur einer untergeordneten kennzeichnet. Aber, ungeachtet der Entdeckung Amerikas, die die Weltachse von Mittelmeer in den atlantischen

Ozean verlegt und ungeachtet der Entdeckung der Route um das Kap der guten Hoffnung, die den Portugiesen den Weg ins Herz der kostbaren Gewürzproduktion freigibt, bleibt die venezianische Wirtschaft stabil (am Anfang des 17. Jahrhunderts ist der Orienthandel noch mehr als blühend) und ist die Serenissima immer noch unter den so viel größeren und stärkeren Mächten auf dem Kontinent – nach einem höchst gelungenen Vergleich von Fernand Braudel – eine Wespe, agressiv und vital, die auch die Riesen stechen und vor Schmerzen schreien lassen kann.

Im festliebenden und prunkvollen Cinquecento, das die Künste und Theateraufführungen blühen sah (in den Sälen der Paläste führte man Plautus auf, Giorgio Vasari wird als Bühnenbildener gerufen, Tizian und Tintoretto arbeiten häufig als Theatertechniker), in dem Venedig die Hauptstadt des europäischen Buchdrucks wurde, und das gelehrte Padua die an seiner alten Universität lehrende Philosophen und Anatomie-Professoren beschützte, wenn sie im Ruf der Häresie standen, verschönerte sich das Stadtbild noch. Es ist die Zeit Sansovinos, der neue Kirchen und prächtige Paläste «alla romana» wie der der Corner «della Ca' Granda» baut, der höchste Venedigs, würdiger Wohnsitz einer steinreichen adligen Familie, die die Spitze der Gesellschaft mit Caterina, der Königin von Zypern, erklomm. Der toskanische Baumeister wird gerufen, um an der herrlichsten Stelle der Stadt zu arbeiten, um eine neue Kirche des heiligen Geminianus zu bauen, *pendant* der Basilika von San Marco, und eine Loggetta am Fuße des Glockenturms, gegenüber dem Eingang des Dogen-Palastes und den Sitz der Staatsbibliothek, genau vor der Fassade des Palazzo gegenüber dem angesehendsten Ort, dem sogenannten *broglio,* wo die Patrizier in den Pausen der parlamentarischen Arbeit spazieren gingen, und wo man Stimmen und Einfluß aushandelte, wie es in parlamentarischen Republiken üblich ist. So entstand die Libreria Marciana mit ihrem statuengeschmückten Gesims (auch Ammannati arbeitete daran), mit ihrem von Tizian, von Tintoretto, vom Veronese ausgemalten Innern. Sie wurde sofort ein harmonisches und charakteristisches Element des venezianischen

Stadtbildes. Sansovino arbeitete auch im Innern des Palazzo, von ihm sind die zwei «Giganten», welche die Prunktreppe, die von Antonio Rizzo im Hof errichtet wurde und auf deren oberen Podest der gewählte Doge gekrönt wurde, vervollständigt. Nachdem zwei Brände das Innere des Palazzo 1574 und 1577 verwüstet hatten, wendete sich die Serenissima Signoria an den neuen Stern am Architektenhimmel des 16. Jahrhunderts, Andrea Palladio. Es wird Palladio sein, der das Aussehen der Sala del Collegio, Ort der heikelsten und wichtigsten Beschlüsse der Regierung der Republik, entwirft: Derselbe Palladio, der sich mit der Fassade der alten Klosterkirche von San Giorgio Maggiore, die dank seiner das wichtigste Element der Szenerie des Bacino di San Marco wurde, so gebieterisch in die großartigste Stelle der venezianischen Stadtlandschaft einfügt.

Die Libreria und San Giorgio sind nicht die einzigen charakteristischen Bauten, die das Cinquecento Venedig vererbt hat. Da ist auch ein Bestandteil der Stadt, der geradezu Symbolcharakter angenommen hat, der Ponte di Rialto, die bis vor einigen Jahren allein den Canal Grande überbrückte (*il canalazzo* überquerte man ausschließlich durch Übersetzen, wozu Gondeln dienten, heute nicht mehr als drei oder vier, einst mindestens an die fünfzehn) und die in ihrer heutigen Form zwischen 1588 und 1591 nach einem Entwurf von Antonio Da Ponte erbaut wurde. Ihre Errichtung war Gegenstand einer heftigen *quérelle* zwischen den Befürwortern einer dreibogigen Brücke, angeführt vom Prokurator von San Marco Marc'Antonio Barbaro, elegantem Humanisten und Förderer Andrea Palladios, der dessen Familienvilla zu Maser gebaut hatte und der seinen Entwurf vorgestellt hatte, und den Befürwortern einer Brücke mit nur einem Bogen, an ihrer Spitze der Senator Alvise Zorzi, später auch Prokurator von San Marco.

Die gegenwärtige Brücke ist an der Stelle einer älteren Holzbrücke errichtet worden, die mit einer Hebevorrichtung ausgestattet war, um die Durchfahrt der Galeeren mit hohen Masten zu ermöglichen, wie wir im berühmten Bild von Vettor Carpaccio sehen können, eine der Wunder der Reliquie des heiligen Kreuzes im Besitz der

Scuola Grande di San Giovanni Evangelista, heute in den Gallerien der Akademie. Die Holzbrücke war die Erneuerung einer anderen, die 1444 zusammengebrochen war, welche die Stelle derjenigen eingenommen hatte, die am 15. Juni 1310 von den Anhängern des Baiamonte Tiepolo, des «gran cavaliere», zerstört worden war, der mit Unterstützung der berühmten Familie der Querini erfolglos versucht hatte, Herr von Venedig zu werden. Die Häuser der Querini standen dort, wo sich heute die Pescheria befindet, dieser pittoreske und lebendige morgentlich Fischmarkt am Rande des Rialto-Raums in Richtung der Pfarrei von San Cassiano. Rialto war schon im 14. Jahrhundert eine lebendige Ecke, das Herz des Handels von Venedig, es war damals eine Art Manhattan des Mittelmeers.

Die Legende will, daß das Kirchlein von San Giacomo di Rialto (*San Giacometto*), das umgeben von der bunten, lärmenden Aktivität des Obst- und Gemüsemarktes (l'*Erbaria*) neben dem Palast der Camerlenghi di Comun aus dem 16. Jahrhundert steht, die älteste Kirche von Venedig sei, genauso alt wie die märchenhaft gegründete Stadt Venedig selbst. Die Wahrheit ist eine andere. In ältester Zeit war die Zone des Handels, das Rialto der Geldwechsler und Kaufleute auf der anderen Seite des Canal Grande, im Bezirk von San Bartolomio, wo noch heute das große Gebäude des Fondaco dei Tedeschi (Kaufhaus der Deutschen) steht, welches über Jahrhunderte Geschäftszentrum und obligater Aufenthaltsort der in der Wirtschaft tätigen Mitteleuropäer war. Die Zone des heutigen Rialto, am Anfang des 11. Jahrhunderts saniert und urbanisiert, beherbergte am Ende jenes Jahrhunderts nur den städtischen Markt. Um ihn herum wuchs langsam ein Stadtviertel, in dem sich allmählich Handwerker und Kaufleute in den für sie reservierten Straßen oder *rughe* niederließen. Mit ihnen kamen auch die Geldwechsler, die Bankiers und die Versicherungen, ihnen folgte die Lebensmittel-, Finanz- und Handelsmagistratur nach Rialto, die Gerichte der ersten Instanz und die Zollämter. Und im Dienst der bunten Menge der Kaufleute, die aus allen Teilen Italiens und des Mittelmeerraums, aber auch aus Deutschland,

Frankreich, Flandern und England kamen, häuften sich die Hotels, nicht alle mit gutem Ruf, aber alle, so scheint es, sehr gewinnbringend (der Name von einigen von ihnen, wie der «Zum Stör», ist manchen *calle*, «Gassen», geblieben). Hier, in den Häusern der Familie Malipiero, fand zum Schluß auch das sogenannte «Castelletto» einen Platz, das Viertel der Prostituierten, zwielichtiges Zentrum der Gewalt und der Laster. Später wurde es von einer anderen, nicht weit entfernten Ecke der Stadt, den Häusern der Familie Rampani, die sogenannten Carampane, verdrängt. Von dort aus sollten sich die venezianischen Prostituierten zu höheren und einmaligen Bestimmungen aufschwingen: die Kurtisane, eine Art *geisha*, die nicht nur Liebe, sondern auch Musik, Dichtung und Kultur verkauft, ist auch eine Schöpfung der italienischen und venezianischen Renaissance. In Venedig verkehren diese Damen, *honorate* (geehrte), nennen sie die merkwürdigen Touristenführer des 16. Jahrhunderts, mit Tizian, Tintoretto, aufsteigenden Dichtern und strengen Magistratsbeamten der Republik, und durch einen 'Schlingel' wie Pietro Aretino, den König der damaligen Polemisten, erwerben sie höchsten weltlichen und literarischen Ruhm. Wie jene Veronica Franco, Kurtisane ersten Ranges, die Heinrich III. von Frankreich, von ihm für eine Nacht erbeten, ihr von Tintoretto gemaltes Porträt überreichte und die als kraftvolle und elegante Dichterin auch von Montaigne geschätzt wurde.

Das harmonische Talent von Andrea Palladio hat mit zwei Gebäuden (eins sicherlich, eins wahrscheinlich von ihm) auch an anderer Stelle das venezianische Stadtbild dauerhaft geprägt. Sie charakterisieren die lange, lineare Perspektive der Insel der Giudecca: die Kirche des Redentore, die aufgrund eines Gelübdes des Senats nach einer verheerenden Pestepidemie errichtet wurde, und die der Zitelle. Ein anderes Gelübde des venezianischen Senats bildet auch den Ursprung einer der schönsten Schöpfungen des venezianischen Barock und seines genialsten Interpreten Baldassarre Longhena: die Basilika von Santa Maria della Salute. Voller Autorität fügt sie sich in den ersten Teil des Canal Grande ein und stellt eine monumentale Verbindung zum gesamten

Wasserbecken von San Marco, Giudecca, San Giorgio her, zu welchem sie nicht gehört, das sie aber würdig überschattet, von wo aus immer man schaut.

Das Gelübde des Senats wurde am 22. Oktober 1630 getan. Doge war Nicolò Contarini, einer der führenden Vertreter des politischen Lebens zu Beginn des 17. Jahrhunderts. Sein Tod, der weniger als ein Jahr danach erfolgte, schloß eine Epoche der venezianischen Republik ab. Diese hatte trotz allem mit Mut den Großmächten des Kontinents und der größten politisch-geistlichen Macht, der Kirche, die Stirn geboten: Die Wespe (nehmen wir die scharfsinnige Metapher Fernand Braudels auf) hatte die Giganten gestochen und vor Schmerzen schreien lassen.

Im Jahr 1606 hatte der Borghese-Papst Paul V. die Verhaftung zweier gewöhnlicher Verbrechen für schuldig befundener Geistlicher zum Anlaß genommen, gegenüber der Serenissima die Rechtsprivilegien des Klerus einzuklagen. Er hatte den alten Groll der Päpste gegenüber der Republik aufgegriffen, die, auch wenn sie offiziell einen strenggläubigen Katholizismus manifestierte, stets die Vorrangstellung der Rechte des Staates unterstrichen und jeden kirchlichen Eingriff in seinen Kompetenzbereich zurückgewiesen hatte. Der Papst hatte nicht gezögert, von den sogenannten geistlichen Waffen Gebrauch zu machen, in dem er über die Republik Venedig den Bann und das Interdikt aussprach. Mit mutiger Standhaftigkeit hatte die Republik die religiösen Strafen als ungültig zurückgewiesen, da diese nicht gerechtfertigt und kanonisch ohne Basis seien. Der Wagemut war umso großer, als sich hinter dem Borghese-Papst drohend der Schatten des mächtigen Hauses von Österreich, der Habsburger, erhob, dessen Territorien, des österreichischen und spanischen Zweiges, fast vollständig das venezianische Gebiet umgaben. Herz des venezianischen Widerstandes war die sogenannte Partei der «giovani» (Jungen). An ihrer Spitze stand der Doge Leonardo Donà dalle Rose, an seiner Seite eine Handvoll Senatoren, unter ihnen in erster Reihe «Nicoletto» Contarini, und sie wurde von einem juristischen Ratgeber «consultore in jure» (Rechtsberater) von großer Gelehrsamkeit

und mit außerordentlichen Mut, dem Serviten Paolo Sarpi, unterstützt.

Die Auseinandersetzung, die am Ende dank der Vermittlung Frankreichs beigelegt wurde, endete mit einem unschätzbaren moralischen Sieg Venedigs. Aber die Nachstellungen der Habsburger, die vor allem von Spanien ausgingen, dauerten an und vergifteten das politische Leben Venedigs. Die Sala del Collegio, die, wie wir sahen, von Palladio entworfen wurde und deren Decke ein Gemäldezyklus Paolo Veronese und deren Wände andere Gemälde von ihm und von Tintoretto schmücken, so wie der angrenzende Sala del Senato waren Ort heftiger Diskussionen; und unter dem drohenden Schatten andauernden Verdachts von Verrat und Verschwörung gewann die Magistratura dei tre Inquisitori di Stato (Amt der drei staatlichen Inquisitoren) fortwährend an Bedeutung. In diesem Organ flossen die Serenissima Signoria, das Haupt des republikanischen Staates, und der mächtige und gefürchtete Consiglio dei Dieci (Rat der Zehn) zusammen.

Die konstitutionelle Ordnung Venedigs hatte sich im Laufe der Zeit entwickelt: Von anfänglicher Einfachheit (eine Volksversammlung, in der jedoch von Anfang an die Adligen eine besondere Rolle spielten, wählte den Dogen und traf die wichtigsten Entscheidungen) war man mit Zunahme der Bevölkerung, des Reichtums und der Macht zu einem System übergegangen, in dem an der Seite des Dogen sechs Ratgeber saßen, die mit ihm und den drei Vorsitzenden des Consiglio di Quaranta al Criminal (eine Art hoher Gerichtshof) die Signoria bildeten, während anstelle der Volksversammlung, entmachtet und danach allmählich beiseite geschoben, der Maggior Consiglio, der Große Rat, die Legislative ausübte. Durch einen langen Evolutionsprozeß setzte sich dieser durch eine Reihe von Maßnahmen, die als «serrata» (Aussperrungen) bekannt sind, ausschließlich aus volljährigen Männern des Patriziats zusammen. Aus dem Maggior Consiglio, der sich im grandiosen Saal versammelte, welcher den südlichen Flügel des Dogenpalastes einnimmt, wo sich unter anderen berühmten Gemälden das Paradies von Jacopo Tintoretto befindet, wurden außer dem Dogen die Kollegialorgane der Justiz und der Regierung gewählt, unter denen das wichtigste der Senat oder Consiglio di Pregadi war. Er trat das Erbe eines kleinen Rates an, dessen Mitglieder aufgefordert oder gebeten (*rogati* oder *pregàdi, pregati*) worden waren, sich zu versammeln.

Man hielt den venezianischen Senat zwischen dem 16. und 17. Jahrhundert für den Hort mythischer Weisheit und einer mythischen politischen Geschicklichkeit. Auch wenn es den Mythos beschneidet, muß gesagt werden, daß in Wirklichkeit die Republik Venedig ihr langes Überleben – 11 Jahrhunderte, ein wahrer Rekord, der nur vom byzantinischen Kaiserreich überboten wird – der Geschicklichkeit der Regierenden verdankt. Diese Geschicklichkeit war es auch, die es Venedig trotz des nicht zu negierenden wirtschaftlichen Niedergangs, der sie im Laufe des 17. Jahrunderts traf, erlaubte, lange dem riesigen ottomanischen Reich im Mittelmeer standzuhalten und Verteidigungswerke für die eigenen übriggebliebenen Kolonien zu schaffen, welche noch heute durch ihre Dimensionen und Effizienz in Erstaunen setzen.

Der Zeit des latenten, aber konstanten Konflikts mit der spanischen Großmacht war in der Tat der Ausbruch eines neuen Konflikts mit dem türkischen Reich gefolgt. Zusammenstöße mit diesem hatte es schon vorher gegeben und zwar sehr heftige. Diese hatten Venedig um einen nennenswerten Teil seiner Besitzungen im Orient gebracht: Euböa, die Inseln der Zykladen, Zypern. Aber jetzt traten die Türken die Eroberung der Insel Kreta an, der letzten großen Kolonie Venedigs, die diese seit 1205 besaß. Es entzündete sich ein Konflikt, der mehr als zwanzig Jahre dauerte und der von der Serenissima enorme Opfer forderte. Wirtschaftliche Opfer, denn ohne Unterlaß mußten Schiffe und Galeeren ausgerüstet werden, Festungen ausgestattet und Geschütze gegossen werden. Opfer auf menschlicher Ebene, denn in den militärischen Operationen verlor fast ein Viertel des Großen Rates sein Leben, der Kern des Patriziats. Um die zweifache Ausblutung zu stoppen, entschied das Patriziat selbst, daß die Mitgliedschaft im Großen Rat durch die Zahlung der hohen Summe von 100.000 Dukaten erkauft werden konnte. So

gelangen im Jahr 1646 Adelsfamilien des Festlandes, aber auch Exponenten der Handelswelt, der Unternehmerschaft und der Berufsgruppen in den Großen Rat. Mit anderen Worten, das Patriziat opferte den Erfordernissen des Krieges das, was es am eifersüchtigsten hütete, das Privileg zu befehlen.

Der Krieg stellte das Beste der von der Führungsschicht angeeigneten Fähigkeiten heraus. An der Spitze der Flotte wechselten tüchtige und fähige Kapitäne einander ab, wie Lazzaro Mocenigo, wie Lorenzo Marcello, denen es gelang die türkische Hauptstadt zu bedrohen; wie Francesco Morosini, der viermal General-Kapitän «da mar» («zur See») war (das höchste Amt der venezianischen Marine), der 1688 zum Dogen gewählt wurde und 1694 starb, als er zum vierten Mal Oberbefehlshaber war. Er kehrte den Ausgang des Krieges um, da er, nachdem Kreta mittlerweile verloren war, die ottomanischen Streitkräfte niederwarf und so aus Besiegtem zum Eroberer wurde. Der gesamte Peloponnes fiel in venezianische Hände, der Senat verlieh dem Sieger unvergleichliche Ehren, der Papst angesehene Auszeichnungen. Aber die Eroberung des Peloponnes trug nur dazu bei den drohenden Niedergang zu beschleunigen: Sie war eine zu große Bürde, die duch wirtschaftliche Vorteile nicht ausgeglichen wurde.

Die Eroberung blieb so zeitweilig, zwar ruhmreich, aber unproduktiv.

Sie wird den Anfang des wirtschaftlichen Verfalls der Serenissima Republik bilden, die zwar noch Beherrscherin des Festlandes von der Adda bis zum Isonzo, von Istrien, von Dalmatien und den jonischen Inseln ist, die aber immer stärker an den Rand der Macht gedrängt wird, immer stärker von den reichen und blühenden englischen, französischen und holländischen Handelskompanien in ihrem Handel beeinträchtigt wird. Aber noch einmal beginnt eine neue Epoche triumphaler Schönheit und erneuter Blüte der Kunst, eines exklusiven Lebensstils, dessen Qualität mit keinem in Europa zu vergleichen ist. Um seine zügellosen Karnevale mitzuerleben, setzt sich halb Europa in Bewegung. Es ist die Zeit von Theaterabenteuern, hochliterarischen Abenteuerern und vorzüglichen Moralisten... Es ist die Zeit von Carlo Goldoni, von Giacomo Casanova und Gaspare Gozzi, aber auch die von Giambattista und Giandomenico Tiepolo, der Longhi und der Guardi, der Vivaldi und der Galuppi. Man hat den Eindruck, als ob die Venezianer angesichts des Verlusts an politischer und wirtschaftlicher Macht einmütig und einstimmig ihr «Wir machen nicht Krieg, sondern Liebe» verkündet hätten.

Aus dieser Zeit, in der sich Venedig im Takt der Minuette auf die Katastrophe zubewegt, besitzen wir viele und wunderbare Zeugnisse. Unter den zahlreichen wählen wir die-jenigen aus, die ein Palast in sich beherbergt, der selbst schon eines der Wunderwerke des venezianischen Settecento ist, der Palazzo Rezzonico, letztes Werk des wichtigsten Architekten des venezianischen Barock, Baldassarre Longhena, der schon dem Canal Grande mit der Ca' Pesaro die großartigen und phantasievollen Formen der Architektur des Adels in der letzten Phase des Seicento gegeben hatte. Der Palast wurde durch den schlichteren und klassizistischen Giorgio Massari vervollständigt und erlitt eine radikale Veränderung seines Innern als der Kardinal Rezzonico unter dem Namen Clemens XIII. zum Papst gewählt wurde. Tage- und nächtelang blieb die Wohnung seiner Angehörigen für ein einziges unaufhörliches Fest geöffnet und beleuchtet. Heute ist der Palazzo Sitz des Museums des venezianischen Settecento und bewahrt neben einer großen Zahl von Zeugnissen des Prunks und der Raffinesse des venezianischen Lebens im 18. Jahrhundert besonders signifikative Gemälde auf, unter denen die faszinierenden Pulcinell-Szenen des Giandomenico Tiepolo hervorstechen. Diese sarkastischen und bitter-erotischen Gemälde, Gedanken über eine in Auflösung sich befindenden Welt, hatte dieser für seine Villa zu Zianigo gemalt.

Als der einsame und eigensinnige Giandomenico im Jahre 1804 stirbt, ist der Zerfall Venedig bereits in Gang. Das tausendjährige republikanische Reich war am 12. Mai 1797 vor dem Heer des Direktoriums von Frankreich zusammengebrochen. Dem entschiedenen, brutalen Willen des Generals Bonaparte hatte die patrizische Regierung nichts als unnütze Winkelzüge einer von Angst verdorbenen Diplomatie entgegenzuhalten. Die

Municipalisti (Vertreter der Gemeinde), eine schlecht und recht zusammengesetzte provisorische Regierung, die von den französischen Bajonetten eingesetzt worden war und aus Bürgerlichen und Adligen bestand welche zum Teil ehrliche Patrioten, zum Teil «Gattopardi» waren, nur darauf bedacht, ihre eigenen Privilegien zu retten, waren den Aufgaben nicht gewachsen, auch wenn sie einige seit Jahre angestrebte und geforderte Reformen wie die Öffnung des Ghettos und die Emanzipation der Juden einführten. Sie waren vor allem Haushofmeister der persönlichen politischen Interessen von Bonaparte, welcher, ohne irgend jemandem etwas zu sagen, sehr schnell die Abtretung Venedigs und seines Staates, die jonischen Inseln ausgenommen, an das österreichische Königshaus verhandelte, das seit Jahrhunderten geduldig darauf gewartet hatte. Die Fremdherrschaft – die erste in der tausendjährige Geschichte Venedigs – wird von der ersten Plünderung seiner Kunstwerke begleitet. Die Pferde von San Marco, der Löwe, der auf einer der zwei Säulen der Piazzetta steht, und eine große Anzahl berühmter Gemälde werden nach Paris geschickt. Um den andauernden Geldforderungen der Besetzer nachkommen zu können, lassen die *Municipalisti* einen großen Teil des Markus-Schatzes einschmelzen. Die Österreicher, die 1798 die Stadt besetzen, finden die Werft leer und verwüstet vor. Aber auch die Stadt ist zum Teil entvölkert.

Wie Giacomo Casanova, ein großer Menschenkenner, prophezeit hatte, verlassen, kaum als die Adelsregierung aufgehört hat zu existieren, eine große Anzahl von Patriziern die Stadt. Da sie nicht mehr durch die Pflicht, regelmäßig an den Sitzungen des Maggior Consiglio und der anderen konstitutionellen Organe teilzunehmen, an die Stadt gebunden sind, ziehen viele von ihnen es vor, auf das Festland überzusiedeln. So sind sie näher bei ihren Einkommensquellen, können auch die Bequemlichkeiten des modernen Lebens genießen, denen sich die ganz spezifische Struktur Venedigs nur bis zu einem gewissen Punkt anpassen läßt. Als Lorenzo Da Ponte, der Librettist von Mozart, Anfang des Jahres 1798 in Venedig landet, fällt es ihm schwer, in jener trostlosen und verarmten Stadt die frohe, glänzende und lebendige Metropole von vor einigen Jahren wiederzuerkennen.

Aber für Venedig sind die Probleme gerade erst angefangen. Nach acht verschlafenen Jahren unter österreichischer Herrschaft liefern die Siege Bonapartes, mittlerweile Napoleon I., Kaiser von Frankreich, diesem die heruntergekommene Königin der Meere erneut aus. In den acht Jahren napoleonischer Herrschaft, von 1806 bis 1814, verändert die Stadt ihr Gesicht. Die massive Auflösung der Kirchen und Klöster sowie die der «scuole» («der Schulen») der Devotion und der Bruderschaften der Zünfte bewirkt einen enormen Verlust an Kunstwerken. Nur ein Teil von ihnen kommt wieder in die Galleria dell'Accademia di Belle Arti oder in die Pinacoteca Centrale di Brera in Mailand zurück. Sehr viele aufgelöste Kirchen werden in diesem Zeitraum oder in den nachfolgenden Jahren zerstört. Insgesamt verschwinden in Venedig und auf den Inseln der Lagune, Murano, Burano, Torcello, Mazzorbo und auf den kleineren Inseln zweiundsiebzig Kirchen, darunter viele mit bemerkenswerter Architektur und reicher Innenausstattung. Außerdem provoziert die schwere Wirtschaftskrise, die die Stadt mit der von Napoleon erlassenen Kontinentalsperre und den entsprechenden Gegenmaßnahmen auf englischer Seite trifft, eine allgemeine Verarmung, welche wiederum die Auflösung vieler Gemäldesammlungen und die Zerstörung einer beträchtlichen Anzahl von Palästen, die von ihren Besitzern verlassen wurden, zur Folge hat. Es verschwinden so einst berühmte Häuser wie der Palazzo Morosini *del giardino* und der Palazzo Venier bei den Jesuiten. Es verschwindet die große gotische Kirche der Servi, die Renaissancekirche von San Nicolò und die von Sant'Antonio di Castello; es verschwindet der berühmte Gebäudekomplex der Certosa di Sant'Andrea. Die Kirche von San Geminiano, die Jacopo Sansovino erbaut hatte und in der er beigesetzt worden war, wird abgerissen und verschwindet. An ihrer Stelle wird gegenüber von San Marco der napoleonische Flügel errichtet, der heute den Piazza San Marco abschließt. Zum Ausgleich wird Venedig mit öffentlichen Parks und einem Friedhof versehen, außerdem mit einer breiten, geradlinigen Straße, der «via Eugenia», wie sie zu Ehren des Vizekönigs von Italien Eugenio di Beauharnais heißt, die niemand für notwendig hält.

In der kurzen napoleonischen Ära wird San Marco anstelle des alten Doms von San Pietro di Castello die Kathedrale von Venedig. Diese Wahl bringt der ehemaligen Dogenkapelle kein Glück. Mehrmals versuchen die Patriarche durch schwerwiegende Eingriffe in den Körper des kostbaren Baus, ihn neuen Bedürfnissen anzupassen. Zuletzt ist es Kardinal Roncalli, der spätere Papst Johannes XXIII., der zunächst, um die mit den herrlichen Statuen der Dalle Masegne gekrönte Ikonostasis aus dem 14. Jahrhundert beiseite zu schaffen, diese zerstören will, der sich dann aber damit begnügt, die schöne marmorne Balustrade der Basis abzusägen. Aber zu Beginn des 19. Jahrhunderts erlebt Venedig ein sehr viel wichtigeres Ereignis für die katholische Kirche. Bei der Nachricht vom Tode Papst Pius VI., Gefangener der Französischen Revolution in Valence, versammeln sich die Kardinäle unter dem Schutz des österreichischen Kaisers im Benediktinerkloster von San Giorgio Maggiore und aus dem Konklave geht als neuer Papst Gregorio Barnaba Chiaramonti, Pius VII., hervor. Nach einer von schrecklichen Hungersnöten heimgesuchten Endphase geht die napoleonische Herrschaft endgültig 1814 zu Ende. Die Österreicher kehren zurück, um für lange Zeit zu bleiben. Ihre Herrschaft wird nur 1848 durch das Auflodern einer Volksrevolution unterbrochen, die eine Republik ausruft und die in dem heroischen, zähen Widerstand der Stadt, die von weit überlegenen Mächten belagert wird, ihren Höhepunkt erlebt, denn nach dem tragischen Ende der römischen Republik und der Katastrophe der ungarischen Revolution war Venedig letztes Bollwerk der italienischen und europäischen Freiheit. Die Herrschaft der Österreicher dauert bis 1866, als Venedig auf Grund einer Volksabstimmung integraler Bestandteil des italienischen Reiches wird.

Die österreichische Herrschaft geht mit der Geburt und der Entwicklung des romantischen Mythos von Venedig einher. Die Stadt besitzt weiterhin eine außerordentliche Anziehungskraft auf

Ausländer. Während die anderen wirtschaftlichen Aktivitäten rückläufig sind (neben der staatlichen Werft gibt es recht wenige venezianische Industrieunternehmen und der Handel ist fortwährend in Krise), nimmt der Tourismus immer größeren Raum ein, und mit ihm ein Antiquitätenhandel, der häufig skrupellos so viel wie er nur kann, von den Resten des künstlerischen Erbes zum Verkauf anbietet. Aber Dichter und Romanciers werden auf krankhafte Weise von dem heruntergekommenen und verfallenen Gesicht dieses verarmten Venedig angezogen, das in den zwanziger Jahren des 19. Jahrhunderts den Tiefpunkt seiner Geschichte erlebt. (Die Bevölkerung ist auf beeindruckende Weise zurückgegangen und 40% ist mehr oder weniger von öffentlicher Unterstützung abhängig). Außerdem werden sie von der «leggenda nera», der Schauer-Geschichte, der toten Republik angezogen, die sie mit Phantomen aus dem Consiglio dei Dieci, aus der Staatsinquisition, aus deren Gefängnissen und mit deren wirklichen und angeblichen Opfern bevölkern. George Gordon, Lord Byron, besingt in Liedern voller enthusiastischer Liebe die Stadt, von der er, noch bevor er sie sah, so oft geträumt hatte. In einem kraftvollen poetischen Gewand aber gibt er eine phantastisch düstere Interpretation des Schicksals großer Gestalten eines nunmehr vergangenen Venedig, wie die des Marin Faliero und des Francesco Foscari. Der Florentiner Niccolini, wesentlich mittelmäßiger, was den literarischen Wert anbetrifft, verrührt auch die schaurigen Zutaten schreckerregender venezianischer Polizeigeheimnisse, die Autoren von Trivialromanen wie Michel Zévaco ebenfalls benutzen. Es sind auch die Jahre bedeutender musikalischer Ereignisse in Venedig. Das vor dem Niedergang der Republik mit einer Oper von Domenico Cimarosa eingeweihte Gran Teatro La Fenice, das abbrannte und in Rekordzeit wieder aufgebaut worden war, zieht weiterhin die bedeutendsten Komponisten an. Noch dazu liefern die venezianischen Thematiken des romantischen Theaters großen Musikern, von Giuseppe Verdi mit seinem «Due Foscari» bis zu Gaetano Donizetti mit seinem «Marin Faliero» Material. Glücklicherweise gibt es nach einem viertel

Jahrhundert des Niedergeworfenseins einige, die reagieren, und zwar nicht nur mit Polemiken, sondern auch mit der Geduld verlangenden Arbeit des Forschers und Gelehrten. In erster Linie sind hier Giustina Renier Michiel, Enkelin des vorletzten Dogen, und Girolamo Dandolo, letzter Nachfahre eines großen Haues, zu nennen. Läßt die Renier in ihren Arbeiten die Feste eines vergangenen Venedig wieder aufleben, so bemüht sich der überaus gelehrte Emanuel Cicogna um die systematische wissenschaftliche Erfassung der Quellen.

Samuele Romanin räumt mit der Waffe der Originaldokumente und eines kritischen Geistes in seiner «Storia documentata di Venezia» Verleumdungen und Gerüchte aus der Welt. Und es ist der Kaiser von Österreich, Franz I., der die Instandsetzung des Staatsarchivs, in dem Hunderte und Tausende von Quellen zur Geschichte und zum Leben Venedigs in den vergangenen Jahrhunderten aufbewahrt werden, entschieden fördert.

Unter den Fremden, die unter den Arkaden der Procuratie Nuove in den eleganten Sälen des Caffè Florian, Treffpunkt der internationalen High-Society, verweilen, treffen wie Théophile Gautier und die Brüder Concourt, Hippolyte Taine und Nathaniel Hawthorne. Das Jahr 1866 setzt dem kein Ende. Richard Wagner, der in Venedig einen Akt von «Tristan und Isolde» komponiert hatte, kommt wieder, um sich in Venedig niederzulassen (und dort im Jahr 1883 zu sterben); und so kommt auch Robert Browning erneut, der Ca' Rezzonico erstehen wird; bei einer Familie amerikanischer Mäzene, den Curtis, welche am Canal Grande den Palast Barbaro gekauft haben, ist Henry James zu Gast, der dort an seinen «Aspern Papers» arbeitet; und Edouard Manet versucht, nach Herzenslust die Farbspiele an den verschiedenen Tageszeiten in Venedig einzufangen.

Hatte Turner seinerseits das Pittoreske der Lagunenkähne gemalt, so versuchten andere nach ihm, sich durch den venezianischen Alltag zu künstlerischen Meisterwerken inspirieren zu lassen. Unter den Venezianern sei an Ippolito Caffi, der schwungvollste und genialste von ihnen, erinnert. Die zweite Hälfte des Jahrhunderts sieht dann mit

Erfolg eine Genremalerei erblühen, die von Künstlern wie Luigi Nono und Alessandro Milesi vertreten wird. Leider kann der Frohsinn in den Künsten nicht verhindern, daß dumme und brutale städtebauliche Eingriffe in das wunderbare Gewebe der Stadt vorgenommen werden. Ohne die von einem engagierten Historiker wie Pompeo Molmenti hervorgerufenen heftigen Polemiken, wäre es allerdings noch schlimmer gekommen. (Um die schon von unachtsamen Restauratoren entstellte Basilika von San Marco zu retten, bezog John Ruskin, idealer Leiter der in Venedig Verliebten, der dieser Stadt sein wohl bedeutendstes Werk, «Le pietre di Venezia», gewidmet hatte, persönlich Stellung).

Zwischen dem 19. und dem 20. Jahrhundert erlebt die Stadt einen beachtenswerten erneuten Aufstieg. Eine Generation fähiger und erfolgreicher venezianischer Unternehmer wächst heran, von der Giuseppe Volpi di Misurata der bekannteste und bedeutendste ist. Er entwickelte den Plan von Porto Marghera, das nach seinen Intentionen, die dann von den Umständen widerlegt wurden, der Insel Venedig die zerstörerischen Konsequenzen eines modernen Industriehafens ersparen sollte. Die Entscheidung, die Randzone der Lagune, die traditioneller Weise den Namen «Bottenighi» trägt, zu benutzen, traf man mitten im I. Weltkrieg, im Jahre 1917, im selben Jahr also, in dem die italienische Front am Isonzo von den österreichischen Truppen durchbrochen wurde und diese am Piave Stellung bezogen, also wenige Kilometer von Venedig entfernt, und Venedig sich so in erster Linie befand.

Der Große Krieg brachte Venedig als eine der ersten europäischen Städte Bombenangriffe aus der Luft. Es war nicht das erste Mal, daß das geschah: Bereits 1849 benutzten die Österreicher während der Belagerung Bomben, die von Ballons transportiert wurden. Diesmal sollten die Konsequenzen jedoch weitaus tragischer sein: Eine Bombe traf voll das Dach der Kirche Santa Maria di Nazareth o degli Scalzi, das mit Fresken von Giambattista Tiepolo ausgeschmückt war, eine andere traf den einstigen Sitz der Scuola Grande di San Marco, und provozierte, da diese mittlerweile ein Teil des Krankenhauses war, ein Blutbad, andere fielen dicht neben der Basilika

von San Marco, die wie durch ein Wunder unversehrt blieb, nachdem sie schon den Zusammenbruch des Glockenturms im Jahre 1901 heil überstanden hatte (der Turm wurde wieder aufgebaut, und zwar nach einer Entscheidung des Stadtrates, «wie und wo er war».

Nach dem Krieg, nachdem die Wunden geheilt und die Familien wieder vereint waren, die in der Endphase des Krieges in andere Städte hatten evakuieren müssen, erlebt Venedig eine neue Welle des Wohlstands. Nach einer langen und lebhaften Diskussion zwischen «pontisti» (Anhänger einer Brücke) und «antipontisti» (Gegner einer Brücke) feiert Venedig am 25. April 1933 die Fertigstellung der ersten Brücke über die Lagune.

Während seiner gesamten tausendjährigen Existenz war Venedig mitten in der Lagune isoliert geblieben. Erst 1846 hatte eine Eisenbahnbrücke die Stadt mit dem Festland verbunden, diesmal handelt es sich um eine Autobahnverbindung mit einem *terminal* in der Gegend des Canal Grande, was den Abriß weiterer Kirchen, Klöster und Paläste mit sich bringt. Der neue Autoterminal verlangt außerdem die Aushebung eines neuen Kanals, der schon vorhandene derart miteinander verbindet, daß der motorisierte Wasserverkehr zwischen dem neugeschaffenen Piazzale Roma und dem von Ca' Foscari bis San Marco reichenden Abschnitt des Canal Grande rascher fließt. Ruderboote blieben jedoch trotz der Zunahme der motorisierten Schiffahrt im Lagunenbereich die verbreitetste Fortbewegungsart. Der Schreiber dieser Zeilen erinnert sich nicht nur an die zahlreichen privaten Gondeln, die sogenannten «de casada», die heute völlig verschwunden sind, sondern auch an die schweren «peate» für den Transport und an die an der riva delle Zattere bewunderten «trabaccoli» mit ihren Segeln, die mit Istrien verkehrten, und an die «burchi», die Ruderschiffe, die, um flußaufwärts zu fahren, von Pferden gezogen wurden. All das sollte in den ersten Jahren nach dem II. Weltkrieg für immer verschwinden.

Ohne großen Schaden überstand Venedig die Zeit des II. Weltkrieges (auch wenn dessen letzte Phase, von 1943 bis 1945, auf Grund der von außergewöhnlicher Kälte begleiteten Hungersnot besonders schwer und auf Grund der gewaltsamen nazifaschistischen Unterdrückung, die vor allem unschuldige Geiseln traf, besonders schmerzlich zu ertragen war). In den Jahren von 1945 bis 1950 erlebt die Insel Venedig ihren Moment größter Bevölkerungsdichte, sie erreicht die Zahl von 184.000 Einwohnern. In den fünfziger Jahren beginnt dagegen ein rascher Bevölkerungsrückgang: Im Verlauf von nicht mehr als dreißig Jahren reduziert sich die Einwohnerzahl Venedigs auf den historischen Tiefstand von unter 90.000. Eine wahre demografische Katastrophe, die eine Vielzahl zusammenkommender Ursachen zur Vorraussetzung hat: das Fehlen einer Wohnungspolitik, Schwierigkeiten bei der Sanierung von Gebäuden, mangelnde Bereitschaft vieler unzeitgemäße, nur schwer zu verbessernde Lebensbedingungen auf sich zu nehmen, von der Bauspekulation hochgehaltene Preise und noch anderes mehr. Zur gleichen Zeit provoziert die in Porto Marghera so massiv vertretene chemische Industrie unerhörte Schäden durch Verunreinigung. Die Natur, die durch übertriebene Urbarmachung der Randzone der Lagune wiederholt vergewaltigt wurde, rächt sich durch eine konstante gefährliche Erhöhung des Wasserspiegels bei Flut, bis am 4. November 1966 ein außergewöhnliches Zusammentreffen von Umständen, eine Hochflut (um gut 195 Zentimetern über dem gewöhnlichen Meeresspiegel) und ein heftiger Scirocco, das adriatische Meer dazu brachten, über die Verteidigungsdämme der Küste zu treten, sodaß das Ende von Venedig zu befürchten war − vom Wasser gepeitscht, überschwemmt und begraben.

Bis heute (1988) ist nichts Entscheidendes zur umfassenden Rettung der Stadt getan worden, auch wenn sich Restaurierungsarbeiten vervielfältigt haben, die auch mit den Mitteln einer nicht unbeträchtlichen Anzahl privater Organisationen in aller Welt finanziert werden. Diese Organisationen entstanden als Antwort auf einen Appell, den der verdienstvolle Generalsekretär der UNESCO, Réné Maheu, an die Öffentlichkeit gerichtet hatte. Wir dürfen also hoffen: Die gesetzlichen und finanziellen Voraussetzungen zur Lösung der zwei wesentlichen Probleme, das der Hochfluten und das der Verunreinigung sind bereits geschaffen, es besteht die Verpflichtung der italienischen

Regierung und es besteht ein Konsortium, das mit der Realisierung der vorgesehenen Arbeiten begonnen hat. Bleibt das Problem der Bewohnbarkeit: Schon mehrmals ist bemerkt worden, daß aus Venedig keine Stadt von Zweitwohnungen werden kann und darf, in der deren Besitzer einige Wochen im Jahr verbringen. Venedig soll leben und nicht nur vom Tourismus, der immer stärker zu einem kurzfristigen, ungebildeten Massentourismus geworden ist, der die Stadt in jeder Hinsicht verseucht und demütigt.

An der Seite des verunreinigenden und kulturfeindlichen Tourismus blüht jedoch eine andere, weniger geräuschvolle und viel konkretere Welt, die der kulturellen Aktivitäten. Neben der Universität und anderen traditionellen Institutionen entwickelt die Stiftung 'Giorgio Cini' ihre nützliche Funktion. Sie wurde von einem bedeutenden Unternehmer und Mäzen, Vittorio Cini, im Andenken an seinen vorzeitig verstorbenen Sohn gegründet und sie hat ihren Sitz in den herrlich wieder instandgesetzten Räumen der alten Abtei von San Giorgio Maggiore. Trotz dummen bürokratischen Unverstands ist die kostbare von Peggy Guggenheim zusammengetragene Sammlung moderner Kunst, die von der Stiftung Solomon R. Guggenheim verwaltet wird, in Venedig geblieben. Andere Stiftungen fördern spezielle Studien auf unterschiedlichen Gebieten, einige ausländische Staaten haben in Venedig wissenschaftliche Institute eingerichtet und neben einer vom Europarat ins Leben gerufenen internationalen Schule für Restauratoren ist neuerdings auf der Insel von San Servolo ein europäisches Krebsforschungszentrum entstanden.

Ein wildwüchsiger Fremdenverkehr hat unglücklicherweise auch die typischsten und beliebtesten Ecken des volkstümlichen Venedig verändert. So haben auf dem hübschen Markt von Rialto viele traditionelle Lebensmittelläden ihren Platz tristen Verkaufsstellen überlassen, die häßlichen in Taiwan oder Hong Kong hergestellten Tinnef als typisch venezianische Produkte anbieten. Die von allen Dichtern bis hin zu Goethe so beliebte Gondel ist in ein Transportmittel für Touristenschwärme verwandelt worden, die hemdsärmelig, entzückt krächzenden

Sängern lauschen. Aber zur Marktzeit quillt die *Erbaria* noch über von bunten, schmackhaften Erzeugnissen der Lagune und des fruchtbaren venetischen Hinterlandes und auf dem Fischmarkt zucken noch die Fische und Schalentiere der Adria. Und wenn auch der Canal Grande zu häufig einer Rennbahn für Motorboote gleichkommt und manchmal vom motorisierten Verkehr derart verstopft erscheint, daß er einer Straße in einer Stadt auf festem Grund gleichkommt, so braucht man sich nur in den Gäßchen und kleineren Plätzen der ältesten Teile von Dorsoduro und von Castello zu verlieren, um die bezaubernde Atmosphäre einer unverfälschten Stadt wiederzufinden, jener, die jahrhundertelang so viele verständige und edle Herzen für sich gewonnen hat.

Manch einer hat sich nicht mehr vom Zauber Venedigs trennen wollen: wie Sergej Diaghilew, der Schöpfer der «Ballets Russes», die den internationalen Geschmack der zwanziger Jahre prägten, wie Igor Strawinskij, wie der Dichter Ezra Pound. Sie alle liegen in der Ruhe des Friedhofs von San Michele im Schatten hoher Zypressen begraben. In diesem Venedig, das wir noch in den engen Gassen des Ghettos mit seinen hohen Häusern, in den Kanälen von Castello und Dorsoduro wiederfinden, wo noch Boote voll von üppigem Obst vertäut sind, kann man noch träumen. Sicher, Venedig hat eine Region im Rücken, die, bis vor zwanzig Jahren unterentwickelt und äußerst arm, heute an der Spitze der Produktivität und des Fortschritts steht. Wünschen wir uns, daß dieses im Aufstieg begriffene Hinterland das außergewöhnliche Juwel zu verstehen und zu verteidigen weiß, das ihm fortwährend Sorge bereitet, das aber auch seinen Ruhm ausmacht, einen unvergleichlichen Schatz — unbestrittenes Eigentum weder einer Region noch eines Landes, sondern der gesamten zivilisierten Welt.

ALVISE ZORZI

Torcello, «turris coeli», la tour du ciel (étymologie fallacieuse mais suggestive), où le clocher le plus imposant de l'estuaire après le campanile de San Marco semble défier les siècles, en surplombant une étendue d'eau, de potagers, de roseaux et de joncs. Nulle part ailleurs, le climat de la Venise des origines ne revit avec autant d'évidence, et c'est d'ici que je voudrais voir commencer toute rencontre avec Venise; je ne veux pas parler de ces touristes essoufflés qui arrivent même à envahir et à assourdir ce coin de la Lagune, mais de ceux qui voudraient connaitre un peu plus à fond cette ville qui a été tropo souvent bradée, ainsi que la civilisation originale qu'elle a créé. En détruisant l'oeuvre de plusieurs siècles, le temps et surtout les hommes, ont reconstitué un milieu du temps jadis: en effet, lorsque la basilique de Santa Maria Assunta fut fondée en l'an de grâce 639, quand l'exarque Isaccio siégeait à Ravenne, alors byzantine, sa puissante masse s'élevait au dessus d'édifices sûrement plus nombreux qu'aujourd'hui, mais justement les îles qui composent la Venise actuelle devaient être semblables à ce que nous voyons maintenant à Torcello.

C'est seulement cent-soixante-dix ans après la naissance de la basilique de Torcello qu'aura lieu le transfert de la capitale de ce microcosme lagunaire dans l'archipel du Rialto, noyau originel de la future Venise. Les citoyens romano-vénitiens de l'arrière pays s'étaient d'abord transférés temporairement dans la lagune pour fuir devant l'ouragan des passages de peuples pillards tels que les Huns d'Attila «flagellus Dei». Ensuite, ils s'établirent définitivement pour ne pas devenir citoyens du nouveau règne fondé en Italie par les Longobards, et ils avaient préféré s'établir sur les plages du cordon littoral alignées sur l'Adriatique, telles que Jesolo, Caorle, Malamocco, ou alors plus à l'intérieur de l'ensemble de la lagune qui était plus vaste qu'aujourd'hui, justement à Torcello et Héeraclée. Il est cependant probable que d'autres établissements aient déjà existé en des temps très reculés: on a même soutenu que la grosse tour carrée, dite «del Tesoro» qui relie aujourd'hui le palais des Doges à la basilique de San Marco, vers la Piazzetta, aurait fait partie d'une construction préexistante très ancienne,

peut-être même romaine. Mais la lutte quotidienne pour arracher du terrain à la lagune, pour consolider les «barene», c'est-à-dire les terres amphibies qui absorbent les marées et les restituent ensuite lentement, pour consolider le «gelme», terres boueuses et instables, ainsi que les monticules de terre plus consistante qui affleurent ici et là (les documents médiévaux les nomment tumbae) pour construire des digues, pour combler des piscines et des étangs paludéens, pour creuser des «ghebi» ou canaux de marais et les transformer en canaux aptes à la navigation, pour assainir les marais, pour extirper les roseaux, cette lutte a duré dans l'archipel vénitien pendant plusieurs siècles encore après l'an 810. Ec cette année 810, le doge Agnello Parteciaco avait transféré la capitale du duché dans l'archipel, et en l'an 820 les reliques de Saint Marc l'Evangéliste y avaient abordé, après avoir été dérobées à Alexandrie d'Egypte par d'astucieux marchands vénitiens. Cette lutte battait son plein quand Orso Orseolo, évêque de Torcello et fils du doge, restaurait Santa Maria Assunta et élevait le campanile qui la côtoie (c'était alors l'an mille, et il faudra encore deux siècles pour arriver à la composition de l'extraordinaire récit en mosaïque du Jugement Dernier qui décore le revers de la façade), et elle continuait quand le doge Domenico Contarini entreprit le remaniement de la basilique de San Marco dans les formes que, en gros, elle conserve encore: on dit que ce remaniement a été fait sur le modèle d'une célèbre église de Constantinople, la basilique des Douze Saints Apôtres, aujourd'hui disparue; en tout cas selon une inspiration orientale qui est plus que jamais évidente dans les coupoles, remaniées en un sens encore plus orientalisant au XIIIème siècle. Aujourd'hui encore, on retrouve trace de cette conquête de l'espace vital dans les noms des rues de cette ville qui deviendra l'une des plus édifiées du monde; ces noms parlent quelquefois de piscines, de jardins, de marais... Piscines, jardins et marais disparurent en grande partie au XIIème siècle, qui fut une époque de grande spéculation dans le bâtiment et d'urbanisation intensive, et ceci également au siècle suivant. Les jardins et les potagers restèrent nombreux à Murano, lieu de villégiature à la mode jusqu'à la fin du XVIème siècle. Ensuite, la stabilisation de la domination de la Serenissima sur la terreferme veneto-frioulienne a poussé les vénitiens qui ne l'avait pas encore fait à investir leur argent en bien fonciers plutôt que de continuer à le risquer dans l'aventure du commerce d'outre-mer qui les avait énormément enrichis. Murano, qui nétait pas seulement la ville des maîtres verriers, depuis que les verreries y avaient été concentrées (industrie présente à Venise depuis les temps les plus reculés), devait rester une île de villas et de monastères jusqu'à la fin du XVIIIème siècle. Elle s'étendait à l'ombre d'un autre robuste campanile, celui de la basilique des Santi Maria e Donato, magnifique église du XIIème siècle. Ce même campanile veille aujourd'hui sur une île dévastée par l'ouragan napoléonien dont elle garde encore les traces évidentes, à côté de celle qui lui ont été imprimées dans les phases successives de déclin, de reprise, de prospérité, de nouveau déclin et de nouvelle reprise de l'industrie et surtout de l'art du verre.

Nous sommes partis au galop pour chevaucher dans le temps de Venise; cette cavalcade nous est proposée par les belles photos d'Angela Prati. A plus de treize-cents ans de la construction de la basilique de Torcello, à plus de quinze-cent-soixante-sept ans de la date légendaire de la fondation de Venise, le 25 Mars de l'an 421 après J.-C. (date que la critique historique a refusée et à laquelle personne ne croit plus, mais à laquelle croyaient les vieux vénitiens qui s'obstinèrent jusqu'à la fin de leur indépendance à faire partir l'année le 25 Mars!) la longue, très longue histoire des premiers siècles semble courir rapidement, et ainsi, on a très peu d'éléments qui y remontent directement et qui se réfèrent au contexte citadin. Même si les vieux vénitiens sont restés longtemps traditionalistes et conservateurs dans le domaine des arts (ce qui explique la longue survivance de formes byzantines et plus tard gothiques dans la peinture et l'architecture vénitiennes), ils ont toujours fini par accueillir les suggestions des nouvelles modes artistiques et ils ont innové et renouvelé partout où cela a été possible, et en particulier dans les édifices

religieux, et non seulement dans ces derniers. Ainsi le palais des Doges, qui à l'origine était en forme de château à tours, s'est transformé en une originale construction gothique, avec des apports du XVIème siècle; de même la basilique de San Marco a subi d'importantes interventions romanes et surtout gothiques, qui ont contribué à en faire cette déconcertante et fascinante synthèse de styles que l'on admire aujourd'hui. De la façade originelle de la basilique du doge Contarini, nous avons comme seul témoin la mosaïque de la translation du corps de l'Evangéliste, qui se trouve sur l'arcade qui est à l'extrème gauche de la façade actuelle. Dans la Venise actuelle il ne reste que des fragments de vestiges très anciens, strictement parlant, encastrés dans la basilique de San Marco ou bien conservés dans le pittoresque cloître roman de Santa Apollonia. Sans compter tous les innombrables fragments de sculptures, patères, carreaux, chapiteaux, fixés dans de nombreux endroits de la ville. Ces restes témoignent non seulement de très anciennes présences, mais plutôt de la grande force d'attraction du nouveau centre – la Venise actuelle – par rapport aux vieux centres lagunaires tels que Jesolo, Malamocco, Eraclea, Ammiana, Costanziaca, dont certains ne sont plus que des noms, et qui déclinèrent plus ou moins rapidement quand le centre du pouvoir et de la vie s'établit solidement dans ces îlots, à l'ombre de la basilique de l'Evangéliste et du palais des Doges. En effet, on ne peut pas exclure qu'avec la pénurie chronique de matériaux de construction, les gens qui se transféraient des vieux centres vers le nouveau, apportaient avec Veux des éléments architectoniques et décoratifs préexistants qui auraient embelli de nouvelles églises et de nouvelles résidences.
Les édifices les plus anciens qui nous restent, entiers ou réduits en fragments, que l'on peut ramener aux styles et aux goûts d'une Venise encore romano-byzantine, ne remontent donc pas à une époque antérieure au XIIIème siècle. Parmi ces fragments on remarque les viroles historiées qui décorent les arcades de palais dégradés ou disparus, tels celui de Marco Polo, dans la Corte del Milion, ou celui dont il nous reste une cour suggestive, l'actuelle Corte Botera, à Castello.

Parmi les édifices plus ou moins entiers, les deux palais Donà «della Madoneta», Palazzo Barzizza, Palazzo Busenello, qui se trouvent tous sur le Canal Grande ainsi que le plus célèbre de tous (le préféré de John Ruskin), Palazzo da Mosto qui s'élève en face de l'Erbaria de Rialto, pas très loin du fameux pont. Et enfin le Fondaco dei Turchi, alors palais des Pesaro et ensuite des Estensi, qui a survécu jusqu'à un certain point, car il a été arbitrairement altéré et refait au siècle dernier par des restaurateurs sans scrupules; ce palais, selon Sergio Bettini, reproduirait un module de construction propre à l'architecture civile du roman tardif.

Mais n'oublions pas qu'au XIIIème siècle nous sommes dejà sortis du climat romantique et incertain de la Venise des origines: nous sommes dejà dans le coeur d'une Venise triomphante, hautaine, aggressive, conquérante. Les citoyens romano-vénitiens que nous avons vu migrer dans la lagune pour ne pas s'assujettir à un roi longobard, avaient désiré et obtenu, dans la profondeur des siècles, de dépendre de la souveraineté de l'unique empereur romain survécu, celui d'Orient qui siégait à Byzance; mais ceci ne les avait pas empêchés d'entreprendre dès que possible de bonnes relations avec l'autre empire, c'est-à-dire l'empire continental créé à l'aube du IXème siècle par Charlemagne. Ainsi, de plus en plus, ils avaient pu élargir le réseau le leurs trafics, protégés par des clauses de plus en plus favorables dans les traités avec le pouvoir de la terre ferme et de privilèges encore plus vastes de la part du lointain monarque byzantin; plus le temps passait, plus ces citoyens devenaient non plus des protégés, mais des protecteurs de l'empire de Byzance, jamais désintéressés, au contraire de plus en plus exigeants au fur et à mesure qu'ils devenaient nécessaires. L'an mille avait vu le pouvoir vénitien se substituer au pouvoir byzantin sur les côtes istrienne et slave. Au cours d'une croisière triomphale, le doge Pietro Orseolo II avait prétendu et obtenu la soumission des villes et des communautés de la côte, depuis Capodistria jusqu'à Raguse. Plus tard, dans l'intérêt des byzantins, les vénitiens combattront les nouveaux protagonistes menaçant le monde méditerranéen: les Normands.

Les marchandises précieuses qui venaient de L'Orient, soieries, joyaux et surtout les épices, nécessaires et recherchées en une époque qui ne connaissait aucun excitant, qui ignorait les techniques de conservation des aliments et qui disposait de très peu de médicaments, étaient revendues en Occident, et de là, d'autres marchandises qui manquaient au Levant, drap de France et de Flandre, fer de la Styrie, partaient au Levant. Il y avait encore d'autres marchandises plus prisées, telles que le verre de Murano et le sel des marais salants lagunaires; sans compter les esclaves, maures ou slaves, tartares ou circassiens. A tout ce négoce, à toute cette navigation, la ville participait en choeur, soit en forme directe, soit financièrement et la richesse s'accumulait non seulement dans les mains des grands hommes d'affaires, mais dant tous les couches de la population. Vu que l'épicentre de tout le trafic méditerranéen était Constantinople, capitale de l'empire byzantin, «seconde Rome», célèbre dans le monde entier par sa richesse et sa splendeur, des colonies de marchands italiens s'y étaient alors établies et parmi elles, la colonie vénitienne était la plus nombreuse et la plus riche. Mais l'énorme puissance économique des colons créa un sentiment d'infériorité chez les byzantins et provoqua une conflictualité qui devait éclater en épisodes violents, jusqu'à la capture de tous les Vénitiens de l'empire, ordonnée par l'empereur Manuele Comneno en 1171. Au début du XIIIème siècle, les conflits dynastiques des byzantins devaient être la cause d'un événement dramatique et imprévisible: la déviation de la quatrième croisade, à laquelle Venise avait fourni navires et fonds, contre la très chrétienne Constantinople. Encore aujourd'hui on discute sur le rôle de la puissante ville-état dans cette déviation, qui mena les Croisés à la conquête, au pillage et à la dévastation de la splendide métropole impériale, et qui devait faire que le doge de Venise devienne, selon une curieuse formule «dominateur de la quatrième partie et demie de tout l'empire romain d'Orient».

Quant à nous, il nous suffira de reconnaître dans la Venise que nous parcourons, les restes du fabuleux héritage du pillage de Constantinople: les plus précieuses reliques du Trésor de San Marco

(San Marco, église d'état, recevait non seulement l'hommage des fidèles vers l'Evangéliste, mais aussi la reconnaissance de la supériorité du pouvoir de l'Etat sur celui de l'Eglise) et les quatre fameux chevaux de bronze, qui, il y a encore quelques années, piaffaient après sept siècles et demi sur la façade de la basilique, et qui faisaient partie intégrante du mythe de Venise. Cette célèbre quadrille est la seule qui soit parvenue intacte jusqu'à nous; selon certains c'est un chef-d'oeuvre de l'art romain du temps de Constantin le Grand, selon d'autres, de l'art grec eu moment de son apogée, et elle est alors attribuée au cercle de Lysippe. A constantinople, les quatre chevaux de bronze, qui seraient venus de Rome (où ils auraient orné l'Arc de Néron aujourd'hui disparu), avaient campé dans l'hippodrome, nombril de l'ancienne métropole et lieu de toutes sortes d'événements grandioses et sanglants. Le doge Enrico Dandolo, alors âgé de quatre-vingt-dix ans, qui avait dirigé d'une poigne inflexible l'aventure de la croisade, les avait expédiés à Venise en 1205, et bien vite ils étaient devenus le symbole de la Venise victorieuse et triomphante; ils ne sont dépassés que par le lion ailé de Marc l'Evangéliste, auquel un poète inconnu aurait attribué la fière devise: *«Io sono il gran Leon, Marco m'appello / disperso andrà chi me sarà rubello»* (je suis le grand lion, Marc je m'appelle / perdu sera celui qui me volera).

Ainsi, lorsqu'une guerre mortelle oppose Venise à Gênes, à la fin du XIIIème siècle (c'est le dernier épisode d'une très longue guerre qui, de victoires en défaites, de trêves en recrudescences, couvre plus d'un siècle et demi) la menace de l'amiral gênois Pietro Doria, campé à Chioggia, sur le seuil de la lagune, de «mettre les brides aux chevaux de San Marco» contribue à susciter chez les vénitiens l'ardeur et l'élan d'une rescousse qui, non seulement rechassera les gênois hors de l'Adriatique, mais marquera le début de la décadence de Gênes comme puissance politique et militaire. Ainsi, en 1797, quand l'Armée d'Italie de la Révolution française, commandée par un jeune général à l'ambition démesurée, Napoléon Bonaparte, provoque la chute de la millénaire République de Venise et la fin de l'indépendance

vénitienne, les chevaux sont alors descendus de la façade de la basilique et expédiés à Paris, sur l'Arc de triomphe du Carrousel, pour célébrer un exploit à transmettre à la postérité. La joyeuse cérémonie de leur retour, grâce aux bons offices de nombreuses personnalités, dont le duc de Wellington, Lord Castelreagh et le grand sculpteur Antonio Canova, suscitera une vague d'enthousiasme qui garantira à l'empereur François Ier d'Autriche, principal artisan de ce retour, une période de popularité indiscutable.

Les vicissitudes modernes des chevaux, descendus et mis en sécurité durant les deux conflits mondiaux de notre siècle, puis déclarés melades du cancer du bronze pour être ensuite déclarés sains, ôtés de leur place traditionnelle et remplacés par de mauvaises copies, pour les protéger des agents atmosphériques, mais les exposant ainsi aux graves dangers des expéditions inopportunes aux expositions à travers le monde, ont trop souvent eu les honneurs de la chronique. Aujourd'hui la quadrille est exposée dans le Museo di San Marco, et vue de près, elle révèle toute son extraorinaire puissance. Il en est de même pour la «Pala d'Oro», située sur le maître-autel de la basilique, sous un baldaquin soutenu par quatre colonnes historiées, peut-être syriaques ou même ravennates, qui de près nous révèle toute sa finesse. Ce rétable, dont les anciennes chroniques vénitiennes parlent comme étant «la pièce la plus précieuse du Trésor de San Marco», déjà alors très riche et encore considérable de nos jours (ce trésor, avant le pillage subi en 1797, comprenait également les couronnes des royaumes de Chypre et de Candie ainsi que la *«zogia»* ou joyau par antonomase, précieuse *corne* incrustée de perles et de pierres précieuses, qui servait au couronnement du doge).

La «pala», antérieure à la conquête de Constantinople, a été commandée per le doge San Pietro Orseolo Ier entre 976 et 978 et elle a été enrichie par le doge Ordelf Falier en 1105; mais Pietro Ziani, doge auquel on attribue la proposition de transférer le sommet de l'Etat vénitien à Constantinople, proposition qui aurait été repoussée par la différence d'une seule voix, l'a complétée à son tour par les sept grands émaux de la rangée supérieure qui proviennent, semble-t-il, du monastère byzantin du Pantòcrator (un autre doge, le raffiné et cultivé Andrea Dandolo, l'a fait remettre en ordre au XIVème siècle, et c'est alors qu'elle a été enfermée dans son élégant encadrement gothique).

La conquête et le pillage de Constantinople ont amené à Venise une autre pièce ornementale sacrée de la basilique de San Marco: l'icône de la Vierge «Nicopeia», «artisane de victoire», et qui, dit-on, appartenait autrefois au monastère de Saint Jean le Théologue à Byzance. C'est une image peinte sur bois au début du XIIIème siècle, enfermée dans un cadre décoré de figures de saints faits en émail. Les empereurs byzantins l'appelaient aussi «Odegetria», «la Condottiera» (la Condotiere), et ils avaient coutume de lui faire précéder l'armée sur les champs de bataille. De nos jours, elle n'est plus invoquée comme propitiatrice de victoires militaires, mais comme protectrice de Venise. Elle est entourée de cierges, et les fidèles qui se recueillent devant elle sont insouciants du va-et-vient incessant des touristes qui se succèdent sans cesse dans les nefs de l'ancienne chapelle des doges, qui n'est devenue cathédrale qu'en 1807. La chapelle où cette icône est vénérée est l'un des plus hauts lieux de la spiritualité populaire vénitienne.

San Marco, chapelle des doges, semble ne faire qu'un avec le palais du Doge, avec lequel elle communique en de nombreux points, et c'est dans la cour de ce palais que donne l'extraordinaire rosace, géniale adjonction du gothique fleuri du XVème siècle, dans le contexte byzantin de l'église. Palais du doge mais, surtout, palais de l'Etat vénitien, dont le doge était le symbole vivant, prestigieux et pompeux dans ses titres, mais combien démuni de pouvoirs. «Prince des cérémonies, sénateur du Sénat, prisonnier dans la ville, coupable s'il s'en éloigne...» ainsi le définissait un ancien dicton latin. En réalité, qu'il ait été élu par l'assemblée populaire, souveraine durant les premiers siècles de la République, ou qu'il ait succédé à son père par héritage (principe que les vénitiens refusaient per tradition, mais parfois pratiqué dans les premiers temps) le doge avait été longtemps un monarque. Mais un processus d'érosion, lent et inexorable, avait petit à petit diminué ses prérogatives, jusqu'à n'en faire

qu'un magistrat, certes le premier magistrat de la République, l'un des rares qui le sont à vie, mais confiné en une fonction principalement représentative. Mais dans cette fonction, un doge connaissant et sachant utiliser les instruments parlementaires qui réglaient la vie de l'état, pouvait compter beaucoup et même énormément: c'est le cas de Francesco Foscari, que nous voyons agenouillé au pied du Leone di San Marco sur Arco della Carta (c'est une copie du XIXème siècle, l'original peut encore être admiré à l'intérieur), qui fut protagoniste de grandes batailles politiques et de douloureuses vicissitudes personnelles qui ont inspiré des poètes tels que Byron et des musiciens tels que Giuseppe Verdi. Ce doge fut le principal responsable de la conquête de l'arrière pays vénitien et de la fin de la traditionnelle politique isolationniste vénitienne, au début du XVème siècle. C'est également le cas de son principal adversaire politique, son prédécesseur Tommaso Mocenigo, dont le gisant repose dans l'église dominicaine des Santi Giovanni e Paolo: c'était un marchand riche et astucieux mais aussi un habile amiral, adversaire acharné de l'expansion continentale et partisan de la tradition vénitienne de «coltivar el mar, e lassas star la dessa» cultiver la mer, et laisser la terre, auteur d'un discours qu'il aurait prononcé mourant, pour contraster le trône aux Foscari, et dans lequel sont énumérées, en un compte-rendu impressionnant, toutes les richesses de Venise, de ses marchands, de ses armateurs et de ses arts. Même Andrea Dandolo, dont j'ai déjà parlé, n'était pas un doge insignifiant. C'était un humaniste raffiné, ami de Francesco Petrarca, et auteur d'importantes études historiques. Nous voyons son gisant dans le baptistère de San Marco, enfin en paix après un dogat difficile, marqué par de graves problèmes: conséquences de la peste noire qui avait tué un quart des habitants, des perpétuelles agitations de l'île de Crète colonie vénitienne, et de l'aggravation du conflit avec Gênes; tous ces éléments devaient contribuer au sort tragique de son successeur, Marin Faliero, décapité en 1355, pour avoir participé à une conjuration contre l'ordre vénitien, basé sur la suprématie collective de la noblesse, pour le remplacer par une seigneurie personnelle appuyée par le soi-disant «peuple gras», la haute bourgeoisie undustrielle et les armateurs. Le palais du doge Dandolo, encore plus vieux que lui, est aujourd'hui connu, par le nom de ses propriétaires successifs, comme Ca' Farsetti, et est aujourd'hui siège de la mairie: c'est l'un des exemples les plus élégants de l'architecture civile vénitienne du XIIIème siècle, comme l'autre palais qui lui est proche et qui est improprement nommé Loredan, qui appartenait à Federico Corner, le plus riche de tous les marchands vénitiens du XIVème siècle.

La splendeur vénitienne, fonde ses propres bases durant les années précédant l'an mille et couvre cinq longs siècles, malgré toutes les vicissitudes politiques, économiques et militaires de l'Italie et du monde méditerranéen. Pendant ces siècles, l'évolution de l'art vénitien et de la Vénétie se développe harmonieusement, depuis la souche originelle romano-byzantine jusqu'aux grandeurs imitant les classiques de la fin du XVIème siècle; cette évolution traverse l'exceptionnelle et très originale expérience gothique qui a laissé une empreinte indélébile dans la ville.
L'architecture gothique reçoit un formidable essor dans le domaine sacré, grâce à la floraison des ordres religieux mendiants, Franciscains, Dominicains, Agostiniens et Servites, qui construisent leurs église: Santa Maria Gloriosa dei Frari (*frari* signifie: frères mineurs), Santi Giovanni e Paolo, Santo Stefano et Santa Maria dei Servi; cette dernière a disparu au début du siècle dernier, illustre victime des dévastations napoléniennes. La massa polychrome du palais des Doges se dresse sur la «Piazzetta» ouverte sur le vaste plan d'eau du Bacino di San Marco par les deux hautes colonnes de *Marco* et *Tódaro* (St. Marc et St. Théodore) qui accueillent les navigateurs, selon une expression heureuse de Terisio Pignatti: «juste comme la grande porte de la métropole lagunaire; mais sur les *campi* de la ville (on appelle *campi* les places; à Venise, il n'y a qu'une seule place, Piazza San Marco), s'élèvent petit à petit les façades en briques des nouvelles églises, à l'intérieur desquelles la classe patricienne dévoluera ses propres ressources de richesse et de mécénat. A Santa Maria dei Frari s'érigent les

monuments funéraires de Francesco Foscari, chef-d'oeuvre d'Antonio et Paolo Bregno, et le monument à Nicolò Tron, chef-d'oeuvre de Rizzo; plus tard, la riche maisonnée des Pesaro, séduite par «l'Assomption», que l'artiste a peinte pour le maître-autel, bien encadré par l'iconostase du choeur, qui divise la nef centrale selon une tradition vénitienne, se fera peindre par Titien le rétable de l'autel de famille. A Santi Giovanni e Paolo se multiplient les sépulcres des doges et les rétables des grands artistes, Giambellino, Vivarini, Lorenzo Lotto, Titien; cette église qui est la plus vaste de Venise devient alors le lieu des cérémonies funèbres des doges.
Mais la marée du gothique vénitien, tantôt d'inspiration orientale, arabe, tantôt d'inspiration nordique, flamande ou anglaise (les galères vénitiennes marchandes fréquentaient Alexandrie d'Egypte mais aussi Bruges et Southampton) est ce qui marque la naissance d'innombrables palais, sur le Canal Grande et sur les canaux mineurs, sur les *campi* et dans les *calli*, jusqu'à la fin du XVème siècle. C'est une véritable arée de maisons gothiques, marquées de tous les noms des blasons des nobles: ca' (*ca'* = casa = maison: à Venise il n'y a qu'une seule place, et de même il n'y a qu'un seul palais, Palazza Ducale) Soranzo sur campo San Polo et *ca'* Sagrado à Santa Sofia, l'élégant Palazzo Pisani Moretta et le grandiose Palazzo Pesaro degli Orfei, un peu triste, le mystérieux Palazzo Van Axel ai Miracoli et celui des Contarini *Porta di ferro* (porte de fer) à San Francesco della Vigna, un peu en ruines mais encore suggestif... C'est avec la Ca' d'Oro que l'architecture civile gothique vénitienne atteint son apogée. Ce palais a été fait construire du 1422 au 1434 par le noble Marin Contarini, qui a voulu que le plus grand nombre possible d'éléments de l'élégante façade soient dorés. Pour la construction il employa l'architecte et lapicide lombard Matteo Raverti et les sculpteurs vénitiens Giovanni et Bartolomeo Bon. Célèbre, justement très célèbre, maltraitée par d'inconscientes propriétaires et amoureusement restaurée par un mécène sensible et génial, Giorgio Franchetti, pour y abriter une exceptionnelle collection d'art, encore une fois restaurée et adaptée pour accueillir d'autres collections de grand prix, la Ca' d'Oro est

l'un des symboles classiques de la civilisation artistique vénitienne; quant à sa valeur évocatrice, elle représente pour le fastueux et raffiné XVème siècle, ce que la basilique de Torcello représente pour le monde contrasté des origines.

Jusqu'à présent les archives n'ont pas abondé en révélations sur les noms de personnalités et architectes de la grande période gothique. La figure de l'architecte émerge plus nettement et elle se consolide dans le panorama artistique vénitien, après la conquête de la terre ferme vénitienne, qui, remarquons – le bien, comprenait une grosse partie de la Lombardie, avec Bergamo, Brescia et Crema. En effet, jusqu'en 1797, la frontière occidentale de la Serenissima était l'Adda. L'expérience architectonique vénitienne a empiété sur le climat humaniste de la Renaissance, que la peinture avait déjà effleuré, en la personne d'Antonio Rizzo, peut-être de Vérone (ou de Como? Car les Lombardo, précurseurs d'une achitecture «nouvelle» étaient tessinois). Le point d'arrivée de cette expérience, marquée par les magnifique réalisations de la Torre dell'Orologio (Tour de l'Horloge), de la façade de San Zaccaria, de Palazzo Vendramin Calergi, porte l'empreinte de la personnalité bergamasque de Mauro Codussi. La soudure entre Venise et sa terre ferme, inefficace sur le plan politique, se révèle très solide dans le domaine de l'art. Dans le sillage de la dynastie très vénitienne des Vivarini et des Bellini, de la rêveuse personnalité du vénitien-dalmate Vettor Carpaccio, après la géniale «rupture» d'Andrea Mantegna, né à Isola di Carturo dans la campagne de Padova, nombreuses sont les personnalités d'une «école vénitienne» qui puise d'une façon indifférente soit en ville, soit dans l'arrière-pays: Lorenzo Lotto vient de Treviso, Giorgione de Castelfranco, Titien, le très vénitien Titien, de Pieve di Cadore; si le Tintoret est vénitien de naissance, Paolo Veronese est né, comme son surnom l'indique, à Verona. Mais tous contribuent à former cette unité harmonieuse, malgré ses tensions et ses pulsions, qu'a été la Renaissance vénitienne. Jusqu'à sa courbe conclusive à la fin du XVIème siècle, elle s'est trouvée au sommet d'une splendeur extériorisée par les mémorables fêtes de la visite du roi Henri III de France en

1574, et par le couronnement de la dogaresse Morosina Grimani Morosini, quelques années plus tard.

Le XVIème siècle, comme on l'a déjà dit, marque le début de la décadence de la République de Venise. La victoire de Lépante, qui a brisé l'expansion turque en Méditerranée, a surtout été une victoire vénitienne, mais pour Venise cela a été une victoire de Pyrrhus, car elle a formé la démarcation entre sa puissance de première classe et son passage à puissance inférieure. Mais, malgré la découverte de l'Amérique, qui déplace l'axe du monde de la Méditerranée à l'Océan Atlantique, malgré la découverte de la route du Cap de Bonne Espérance, qui conduit les portugais au coeur de la production des si précieuses épices, l'économie vénitienne reste solide (au début du XVIIème siècle, le commerce d'Orient est encore plus floride et la Serenissima, parmi les puissances plus grandes qu'elle reste toujours – selon une très heureuse comparaison de Fernand Braudel – «une guêpe, aggressive et vitale qui peut même piquer les géants et les faire hurler de douleur»).

Au cours du fastueux XVIème siècle, qui voit fleurir les arts et les spectacles (dans les salons des palais on récite Plaute, et Giorgio Vasari est appelé pour les décors, Titien et le Tintoret se prodiguent comme techniciens de scène) et qui voit Venise devenir la capitale de l'édition européenne, et Padova héberger dans son antique université philosophes et anatomistes, et les protéger quand ils sont en odeur d'hérésie, la scène citadine se fait encore plus belle. C'est l'époque de Sansovino, bâtisseur de nouvelles églises et de palais grandioses «à la romaine», comme celui des Corner, «Ca' Granda», le plus haut de Venise, digne résidence d'une riche famille aristocratique qui a touché le sommet social avec Catherine, reine de Chypre. Le maître toscan est appelé à travailler dans le lieu le plus auguste de la ville, pour construire une nouvelle église de San Geminiano, comme pendant de la basilique de San Marco, et une loges au pied du campanile, en face du palais des Doges, ainsi que le siège de la Bibliothèqte d'Etat, juste devant la façade du palais, devant l'espace le plus prestigieux de tous, le nommé «Broglio» où se promenaient les nobles durant les intervalles des travaux parlementaires, et où l'on négociait, comme dans toutes les républiques parlementaires, les votes et les influences. C'est ainsi qu'est née la Libreria Marciana, dont le faîte est orné de statues (Ammannati y mit aussi les mains) et dont l'intérieur a été peint par Titien, le Tintoret ed Veronese; ce monument devient tout de suite un élément harmonieux et caractéristique de la scène vénitienne. Sansovino travaille aussi à l'intérieur du palais: ce sont ses deux «géants» qui complètent le grand escalier, construit par Antonio Rizzo, dans la cour, et en haut duquel le doge était couronné. Après deux incendies qui ont dévasté le Palais en 1574 et en 1577, la Seigneurie Serenissima s'adressera au nouvel astre de l'architecture du XVIème siècle, Andrea Palladio, et ce sera lui qui concevra l'agencement de la Sala del Collegio (Salle du Collège), lieu où se déroulaient les plus importantes et les plus délicates délibérations du gouvernement de la République: Palladio s'insère avec encore plus d'autorité dans le point le plus spectaculaire du paysage vénitien, avec la façade de la vieille église de l'abbaye de San Giorgio Maggiore, devenue grâce à lui l'élément le plus important du Bacino di San Marco.

La Libreria et San Giorgio ne sont pas les seuls éléments caractéristiques que cette époque laisse en héritage à Venise. Un autre élément, lui aussi devenu symbolique, est le Ponte di Rialto, qui pendant longtemps a été le seul à enjamber le Canal Grande (on ne traversait qu'avec des passeurs en gondoles, qui maintenant ne sont plus que trois ou quatre, alors qu'ils étaient au moins une quinzaine) et il a été construit dans sa forme actuelle entre 1588 et 1591 sur un projet d'Antonio Da Ponte. Il a été l'objet d'une querelle furibonde entre les partisans du pont à trois arches, conduits par le procurateur de San Marco, Marc'Antonio Barbaro, élégant humaniste et protecteur d'Andrea Palladio (qui avait construit la villa de famille à Maser et qui avait présenté son projet) et les partisans du pont à une seule arche, à la tête desquels était le sénateur Alvise Zorzi, qui deviendra lui aussi, plus tard, procurateur de San Marco; le pont actuel a été bâti à la place d'un ancien pont de bois, pont levis au centre,

pour permettre le passage des hauts mâts des galères et que nous pouvons encore voir dans un célèbre tableau de Vettor Carpaccio, qui représente un des miracles de la Sainte Croix, et qui est la propriété de la Scuola Grande de Saint Jean l'Evangéliste, mais qui se trouve aujourd'hui à la Galerie de l'Accademia. Ce pont de bois était le remaniement d'un autre qui s'est écroulé en 1444 et qui avait été déjà refait à la place de celui qui avait été abîmé le 15 juin 1310, par les partisans de Baiamonte Tiepolo, le «gran cavaliere» (grand chevalier), qui, avec la complicité des membres de l'illustre Maison des Querini, avait tenté, sans succès, de devenir seigneur de Venise. Les maisons des Querini étaient où se trouve maintenant la Pescheria, pittoresque et très vivant marché au poisson qui est en marge de la zone du Rialto, vers la paroisse de San Cassiano; Rialto était déjà une zone vitale au XIVème siècle, coeur marchand d'une Venise qui était alors une sorte de Manhattan de la Méditerranée.

La légende veut que la petite église de San Giacomo di Rialto (*San Giacometto*), qui s'élève à côté du palais des Camerlenghi de Comun (XVIème siècle), au milieu de la bruyante activité bariolée du marché aux légumes (l'*Erbaria*) soit la plus vieille de Venise, contemporaine de la fabuleuse fondation de la ville. La vérité est bien autre. Dans les temps les plus anciens, la zone marchande, la Rialto des agents de change et des commerçants, était sur l'autre rive du Canal Grande, dans le quartier de San Bartolomeo, où se trouve encore de nos jours le Fondaco dei Tedeschi, qui fut pendant des siècles le centre d'affaires et la résidence obligée de tous les opérateurs économiques du Centre-Europe. La zone du Rialto actuelle, bonifiée et urbanisée au début du XIème siècle, comprenait seulement le marché citadin jusqu'à la fin de ce siecle, et c'est autour de ce marché qu'un nouveau quartier est né; petit à petit, les artisans, les négociants et avec eux les agents de change, les banquiers et les assureurs s'installèrent dans des rues ou *«rughe»* qui leur étaient réservées. A leur suite, dans ce même quartier du Rialto, s'établirent des magistratures annonaires, financières et mercantiles, des tribunaux de première instance, des bureaux d'octroi et de douanes. Puis au service de toute cette foule bariolée de marchands, provenant de toute l'Italie et de tout le Bassin Méditerranéen, mais aussi de l'Allemange, de la France, des Flandres, de l'Angleterre, les hôtels se multiplièrent. Naturellement ils n'étaient pas tous très bien famés, mais ils étaient, parait-il, tous très rentables (le nom de certains, tel celui a l'enseigne de l'esturgeon, est resté dans quelques ruelles). Là enfin, dans les maisons de la famille Malipiero, se trouvait le soi-disant «Castelletto», quartier des prostituées, centre sordide de la violence et du vice, supplanté successivement par une zone voisine, les maisons de la famille Rampani, les soi-disant «Carampane». De là, les prostituées vénitiennes devaient s'envoler vers de plus nobles destins, plus sophistiqués: en effet la courtisane, sorte de *geisha,* qui vend non seulement l'amour mais aussi la musique, la culture, la poésie, est une création de la Renaissance. Et c'est à Venise, que ces dames *«honorate»* (honorées), come les définissent les curieux catalogues à l'usage des touristes de l'époque, fréquentent Titien, le Tintoret, les poètes rampants et les plus austères magistrats de la République, et sous les auspices de cette fine lame qu'était Pietro Aretino, prince des publicistes de ce temps, elles connaissent les plus hautes fortunes mondaines et littéraires. Comme cette Veronica Franco, courtisane de premier ordre, qui, après une nuit passée avec le roi de France Henri III, lui fit cadeau de son propre portrait peint par le Tintoret; en outre c'était une poétesse de grande force et de grande élégance, et elle a même su se faire apprécier par Montaigne. Quant à cet harmonieux talent d'Andrea Palladio, il a laissé une autre empreinte durable dans le paysage vénitien avec les deux architectures (l'une certainement de lui, l'autre probablement) qui caractérisent la longue perspective linéaire de l'île de la Giudecca: la Chiesa del Redentore érigée après un voeu du Sénat, à la suite d'une terrible peste, et celle delle Zitelle. Un autre voeu du Sénat a donné lieu à la plus belle création du baroque vénitien, par son plus génial interprète, Baldassarre Longhena: il s'agit de la basilique de Santa Maria della Salute, qui s'insère d'autorité dans le premier tronçon du Canal Grande, en opérant une soudure monumentale avec l'ensemble

Bacino di San Marco-Giudecca-San Giorgio, auquel elle n'appartient pas, mais qu'elle domine solennellement, de n'importe quelle direction l'on regarde.

Le voeu du Sénat fut prononcé le 22 octobre 1630; le doge était alors Nicolò Contarini, l'un des protagonistes de la vie vénitienne du début du XVIIème siècle. A sa mort survenue presque un an après, se concluait une époque durant laquelle la République de Venise, malgré tout, avait courageusement su tenir tête aux grandes puissances continentales et même à l'encore plus forte puissance politico-spirituelle, l'Eglise; la guêpe (continuons la piquante métaphore de Fernand Braudel) avait piqué les géants et les avait fait hurler de douleur.

En l'an 1606, profitant de l'arrestation de deux ecclésiastiques coupables de délits communs, le pape Paul V Borghese avait revendiqué, contre la Serenissima, les privilèges judiciaires du clergé. Et en outre, il avait épanché toute la vieille rancoeur des papes contre la République. En effet, cette dernière avait toujours affiché un rigoureux catholicisme officiel, mais elle revendiquait à son tour la prépondérance des droits de l'Etat et elle avait repoussé toute ingérence ecclésiastique dans les compétences de ce même Etat. Le pape n'avait pas hésité à recourir aux armes spirituelles, lançant contre la République de Venise l'excommunication et l'interdit. Et c'est avec une fermeté audacieuse que la République avait repoussé les sanctions religieuses comme étant non valides car injustes et canoniquement nulles. Cette audace était d'autant plus grande du fait que derrière le pape Borghese se levait l'ombre menaçante de la puissante Maison d'Autriche, les Habsbourg, dont les branches des dominions autrichien et espagnol entouraient presque complètement le territoire vénitien. L'âme de la résistance vénitienne était le parti des «giovani» (jeunes), à la tête duquel se touvait le doge Leonardo Donà dalle Rose, appuyé par un manipule de sénateurs parmi lesquels on remarquait en première ligne «Nicoletto» Contarini, qui était soutenu par un «consultore in jure» (juriste), de grande doctrine et de grand courage, le religieux servite Paolo Sarpi.

Cette dispute s'est terminée grâce à la médiation

de la France, et elle s'est conclue avec une inestimable victoire morale de Venise. Mais les embûches créés par les Habsbourg, qui venaient surtout de l'Espagne, persistaient et empoisonnaient la vie politique vénitienne. La Sala del Collegio, comme nous l'avons vu, dessinée par Palladio, décorée au plafond par un cycle de Paolo Veronese et dont les murs étaient recouverts de toiles de ce même Veronese et du Tintoret, ainsi que la Sala del Senato qui lui est adjacente, furent le théâtre de discussions acharnées; mais la présence de continuels soupçons de trahison et de conjures faisait augmenter l'importance de la Magistrature des trois Inquisiteurs de l'Etat, et dans cet organe confluaient la Serenissima Signoria, sommet de l'état républicain, ainsi que le très puissant Consiglio dei Dieci (Conseil des Dix), craint de tous.

L'ordre constitutionnel vénitien avait évolué dans le temps; de sa simplicité originelle (assemblée populaire, dans laquelle les nobles mmergeaient depuis les origines, qui élisait le doge et prenait les décisions les plus importantes) on était passé, avec l'augmentation de la population, de la richesse et de la puissance, à un système dans lequel, à côté du doge, siégeaient six conseillers, qui avec lui et les trois chefs du Consiglio di Quaranta al Criminal (Conseil de Quarante au Criminal) (sorte de haute cour de justice) formaient la Signoria, tandis qu'à la place de l'assemblée populaire, destituée et successivement complètement supprimée, le Maggior Consiglio exerçait le pouvoir législatif. A travers un long processus évolutif, ce dernier, en conséquence d'une série de sanctions connues comme la «serrata», finissait par être exclusivement composé de nobles, de sexe masculin et majeurs. C'est par ce Maggior Consiglio, qui se réunissait dans la salle grandiose qui occupe l'aile sud du palais ducal, où se trouve, avec d'autres peintures celèbres, le «Paradis» de Jacopo Tintoret, que le doge et les autres organes collégiaux étaient élus. Ces organes de justice et de gouvernement, dont le princial était le Sénat, dit encore Consiglio di Pregàdi, héritier d'un conseil plus restreint dont les membres étaient *rogati* ou *pregàdi* (priés) de se réunir.

Entre le XVIème et le XVIIème siècle, le Sénat vénitien était considéré comme le dépositaire d'une sagesse et d'une habileté politique mythiques. En réalité, tout en élaguant ce mythe, il faut dire que c'est à l'habileté des gouvernants que l'on doit la très longue vie de la République de Venise, onze siècles, un véritable *record* que seul l'Empire Byzantin a battu. C'est encore cette habileté qui a permis à Venise, malgré l'indéniable décadence conomique qui la frappa au XVIIème siècle, de résister longtemps en Méditerranée contre l'Empire Ottoman, et de réaliser, pour défendre les colonies qui lui restaient, ces oeuvres défensives qui nous étonnent encore par leurs dimensions et leur efficacité.

La saison du conflit, latent mais constant, avec la super-puissance espagnole, était en effet suivie par l'explosion d'un nouveau confit avec l'empire turc. Des heurts avec cet empire, il y en avait déjà eu, et même très violents, qui avaient privé Venise d'une importante partie de ses possessions du Levant: l'Eubée, les Cyclades, Chypre; mais maintenant les Turcs aspiraient à la conquête de Crète, la dernière grande colonie de Venise, qui la possédait depuis 1205; ceci a causé un conflit qui a duré plus de vingt ans, avec d'énormes sacrifices de la part de la Serenissima. Sacrifices économiques: il fallait armer sans cesse vaisseaux et galères, équiper des forts, fondre de l'artillerie; et sacrifices sur le plan humain: presque un quart du Maggior Consiglio (Majeur Conseil), coeur de la noblesse, perdit la vie dans les opérations militaires. Pour faire face à cette double hémorragie, fut la noblesse elle-même qui décida de mettre en vente l'appartenance au Maggior Consiglio; ainsi en déboursant l'énorme somme de cent-mille ducats, en 1646, des familles de la noblesse de la terre ferme, mais aussi des exposants du monde commercial, de l'entreprise et des professions libérales, entrèrent dans ce Conseil. Autrement dit, la noblesse a sacrifié aux exigences de la guerre ce dont elle était la plus jalouse: le privilège de commander.

La guerre met en évidence le mieux des qualités accumulées par la classe dirigeante vénitienne. A la tête de la flotte se succèdent des capitaines valeureux et capables, comme Lazzaro Mocenigo et Lorenzo Marcello, qui arrivent même à menacer la capitale turque, comme Francesco Morosini, quatre fois capitaine général «da mar» (c'était la plus haute charge de la marine de Venise), élu doge en 1688 et mort nel 1694 alors qu'il exerçait le commandement suprême pour la quatrième fois. Renversant le sort de la guerre (Crète est désormais perdue) Morosini défonce les forces ottomanes et de défenseur, devient conquérant. Tout le Péloponnèse tombe aux mains des Vénitiens; le Sénat décrète des honneurs sans précédent au victorieux; le pape lui envoie des distinctions convoitées. Mais cette conquête ne fait qu'accélérer la décadence: c'est un poids excessif qui n'est compensé par aucun avantage adéquat, et cela restera une conquête éphémère, glorieuse mais improductive.

Ce sera le début de la vraie décadence de la Sérénissime République, encore souveraine de la terre ferme, de l'Adda à l'Isonzo, de l'Istrie, de la Dalmatie, des îles Ioniennes, mais qui sera de plus en plus en marge du consensus des puissants, et de plus en plus entravée dans ses trafics par les riches et florides compagnies anglaises, françaises et hollandaises. Mais ce sera aussi le début d'une nouvelle ère de beauté triomphale, d'un renouveau des arts, d'une vie dont l'exquise qualité n'aura point son pareil en Europe... Et une nouvelle ère de Carnavals déchaînés, pour lesquels la moitié de l'Europe se dérangera, et d'aventures théâtrales, d'aventuriers lettrés et de moralistes raffinés... C'est l'époque de Carlo Goldoni, de Giacomo Casanova, de Gaspare Gozzi; mais aussi de Giambattista e Giandomenico Tiepolo, de Longhi, de Guardi, de Vivaldi et de Galuppi. Tout cela comme si face à la perte de la puissance politique et économique les vénitiens avaient unanimement proclamé «ne faisons pas la guerre, mais faisons l'Amour».

De cette époque durant laquelle Venise se dirige vers la catastrophe au son des menuets, il nous reste de nombreux et merveilleux témoignages. Parmi tous ces derniers nous voudrions choisir ceux qui se trouvent dans un palais, dans Palazzo Rezzonico, qui est déjà par lui-même une merveille du XVIIème siècle vénitien; c'est le dernier ouvrage du plus grand architecte du baroque vénitien: Baldassarre Longhena; il avait déjà imposé au Canal Grande les formes les plus grandiloquentes et les plus fantaisistes de

l'architecture nobiliaire de la dernière partie du XVIIème siècle avec Ca' Pesaro, qui avait été complétée par Giorgio Massari, plus classique et plus rigoureux. Ce même Palazzo Rezzonico a subi un remaniement intérieur radical quande le cardinal Carlo Rezzonico a été élu pape sous le nom de Clément XIII,.et, pendant des jours et des nuits la résidence de sa famille est restée ouverte et illuminée en un interminable festin. De nos jours, c'est le siège du musée du XVIIIème siècle vénitien; il contient en outre de nombreux documents des fastes et de la vie raffinée de Venise au XVIIIème siècle et conserve une série de peintures très significatives, parmi lesquelles ressortent les charmants Polichinelles peints par Giandomenico Tiepolo pour sa villa de Zianigo, sarcastiques et amères réflexions picturales sur un monde en pleine désagrégation.

Quand en 1804, le solitaire et revêche Giandomenico meurt, la désagrégation est déjà en cours. Le régime républicain millénaire s'était écroulé le 12 Mai 1797, devant l'armée du Directoire de France.
Devant la volonté brutale et décidée du général Bonaparte, le gouvernement noble n'avait su opposer que les inutiles tergiversations d'une diplomatie qui était viciée par la peur. Les «Municipalistes», gouvernement de fortune installé par les baïonnettes françaises, n'était absolument pas préparé à ses propres tâches. Il était composé de nobles et de bourgeois, en partie sincères patriotes, ou bien «guépards» qui ne pensaient qu'à sauver leurs propres privilèges. Parfois, ce gouvernement a effectué des réformes attendues depuis longtemps, telles que l'ouverture du Ghetto et l'émancipation des Juifs, mais il était surtout la marionnette de Bonaparte. Ce dernier, sans rien dire à personne, avait rapidement négocié la cession de Venise et de son Etat, sans les Iles Ioniennes, à la Maison d'Autriche, qui attendait ça patiemment depuis des siècles.
L'occupation étrangère – la première dans l'histoire millénaire de Venise – est accompagnée des premières spoliations artistiques. Les chevaux de San Marco, le lion qui se trouve sur l'une des deux colonnes de la Piazzetta et un groupe de tableaux célèbres partent pour Paris. Pour faire

face aux continuelles demandes d'argent de la part des occupants, les Municipalistes envoient à la fusion une grande partie du Trésor de San Marco. Les Autrichiens, qui entrent en ville en Janvier 1798, trouvent l'Arsenale vidé et dévasté. Mais c'est la ville elle-même qui s'est partiellemnt vidée. Ainsi que l'avait prophétisé Giacomo Casanova, grand connaisseur des hommes, dès que le gouvernement aristocratique avait cessé d'exister, un bon nombre de nobles avait tourné les talons. Comme ils n'étaient plus retenus par l'obligation de participer régulièrement aux séances du Consiglio Maggiore et des autres organes constitutionnels, nombre d'entre eux préférèrent se transférer sur la terre ferme, plus près de leurs sources de revenus mais aussi des conforts de la vie moderne, auxquels Venise, vu sa structure particulière, ne peut s'adapter que jusqu'à un certain point. Au début de 1798, Lorenzo Da Ponte, librettiste de Mozart, revient à Venise et il n'arrive pas à reconnaître dans cette ville attristée et appauvrie, la brillante et vivante métropole qu'il avait connue quelques années auparavant. Mais pour Venise, les malheurs ne font que commencer. Après huit années somnolentes de domination autrichienne, les victoires de Bonaparte, devenu Napoléon Ier empereur des français, lui font reprendre la reine des mers déchue. Et durant les huit années du règne napoléonien, de 1806 à 1814, la ville change d'aspect. Les suppressions massives d'églises et de couvents, ainsi que d'«écales» de dévotion et de confréries d'arts et de métiers, provoque une gigantesque dispersion d'oeuvres d'art. Seule une partie sera récupérée par la Galleria dell'Accademia di Belle Arti, ou par la Pinacoteca Centrale de Brera à Milano. De nombreuses églises supprimées sont démolies ou le seront plus tard: dans Venise et les Iles de son estuaire, Murano, Burano, Torcello, Mazzorbo et les îlots mineurs, soixante-douze églises disparaissent, dont plusieurs avaient des qualités architectoniques et de riches décorations de peinture. D'autre part, la grosse crise économique qui frappe la ville a la suite du blocus continental décrété par Napoléon, et du contre-blocus anglais, détermine un appauvrissement général qui, à son tour, provoque la dispersion de nombreuses oeuvres d'art et la démolition de nombreux palais abandonnés par leurs propriétaires.

C'est ainsi que disparaissent de célèbres demeures, telles que Palazzo Morosini «del Giardino» (du jardin) et Palazzo Venier «ai Gesuiti (aux Jésuites), et que disparaissent la grande église gothique des Servites et les églises de la Renaissance, San Nicolò et Sant'Antonio di Castello; le prestigieux ensemble de la Certosa di Sant'Andrea disparait aussi, ainsi que l'Eglise de San Geminiano, qui est démolie pour faire place à l'aile napoléonienne qui limite Piazza San Marco devant la basilique. Cette église avait été édifiée par Jacopo Sansovino, et il y était enseveli. Par contre Venise était dotée de jardins publics et d'un cimetière, ainsi que d'une large route rectiligne, la «via Eugenia», ainsi nommée en honneur du vice-roi d'Italie, Eugène de Beauharnais, dont personne ne ressentait l'abscence...

La courte ère napoléonienne voit San Marco devenir cathédrale de Venise, au lieu du dôme de San Pietro di Castello; ce choix ne portera pas bonheur à l'ex-chapelle des doges: plusieurs fois les patriarches tenteront de lourdes interventions pour adapter la précieuse structure; la dernière sera faite par le cardinal Roncalli, devenu Giovanni XXIII, qui voulait ôter l'iconostase du XIVème siècle couronnée par les magnifiques sculptures des Dalle Masegne; il se contentera de scier les beaux pluteus de marbre de la base.

Mais un événement très important pour l'église catholique s'est passé à Venise, à l'aube du siècle. A la nouvelle de la mort de Pie VI, prisonnier de la révolution française à Valence, les cardinaux se réunirent dans le monastère bénédictin de San Giorgio Maggiore, sous la protection de l'empereur d'Autriche, et de ce conclave fut élu le nouveau pontife, Gregorio Barnaba Chiaramonti, Pie VII. Après une fin marquée par d'atroces famines, la domination napoléonienne s'éclipse définitivement en 1814. Les Autrichiens reviennent et ils resteront longtemps cette fois. Leur domination sera interrompue en 1848 par la flambée d'une révolution populaire qui mènera à la proclamation de la république; cette domination se couronnera par la résistance obstinée et héroïque de la ville. Assiégée par des forces accablantes, après la fin tragique de la République Romaine et la catastrophe de la révolution hongroise, Venise était restée le tout dernier rempart de la liberté italienne et européenne. Mais la domination continuera jusqu'en 1866, quand, à la suite d'un plébiscite, Venise deviendra partie intégrante du royaume d'Italie.

La domination autrichienne coïncide avec la naissance et le développement du mythe romantique de Venise. La ville continue à attirer fortement les étrangers; dans le marasme des autres activités (à part l'industrie d'état de l'Arsenale, il n'existe que très peu d'industries vénitiennes et le commerce est perpétuellement en crise) le tourisme occupe de plus en plus de place, et à côté de lui se développe tout un marché d'antiquités, souvent sans scrupules, qui met en vente tout ce qu'il est possible de vendre du patrimonine artistique. Mais les poètes et les romanciers sont attirés d'une façon morbide par les aspects croulants et décandents de cette Venise appauvrie. Dans les années vingt du XIXème siècle, Venise traverse le moment le plus noir de ses vicissitudes (la population a diminué d'une manière impressionnante, et 40 pour cent d'entre elle dépend plus ou moins de l'assistance publique). Ces écrivains sont également attirés par la «Légende Noire» de la République morte, peuplée des fantômes du Consiglio dei Dieci, des Inquisiteurs de l'Etat, de leurs prisons et de leurs victimes, authentiques ou présumées. George Gordon, Lord Byron, éclate en cantiques d'amour enthousiaste pour la ville qu'il a rêvée avant même de l'avoir vue. Mais il donne une interprétation poétiquement vigoureuse aux interprétations sinistres et imaginaires des vicissitudes des grands personnages de la Venice des temps passés, tels que Marin Faliero et Francesco Foscari. Beaucoup plus modeste quant à la valeur littéraire, le florentin Niccolini pataugera dans les sinistres ingrédients (utilisés également par de romanciers ultra populaires tels que Michel Zévaco) du mythe sordide des secrets policiers vénitiens. Et vu que c'est une époque heureuse pour la musique (le Gran Teatro La Fenice inauguré avant la chute de la République avec un opéra de Domenico Cimarosa, a été incendié puis reconstruit en un temps record) Venise continue à attirer les plus grands compositeurs, et les thèmes du théâtre romantique offrent l'inspiration aux grands musiciens: Giuseppe Verdi avec ses «Due Foscari», Gaetano Donizetti avec «Marin Faliero». Heureusement après un quart de siècle de prostration, certains commencent à réagir, non seulement par des polémiques, où l'on trouve en première ligne Giustina Renier Michiel, petite-fine de l'avant-dernier doge et Girolamo Dandolo, dernier descendant d'un illustre famille, mais aussi par un patient travail de recherche et d'érudition. Si Madame Renier évoque dans ses études les anciennes fêtes vénitiennes, si le très érudit Emanuel Cicogna cultive l'exploration scientifique des sources d'information, Samuele Romanin démolit certaines calomnies, avec l'arme de la documentaion originale et de l'esprit critique, dans son «Storia documentata di Venezia». Et c'est l'empereur d'Autriche François Ier qui se fait promoteur de l'agencement des Archives de l'Etat, où sont concentrés des centaines de milliers de documents de l'histoire et de la vie de Venise à travers les siècles.

Parmi les étrangers qui s'asseyent dans les élégantes salles du caffé Florian, sous les arcades des Procuratie Nuove, point de rendez-vous habituel de la bonne société internationale, on rencontre Théophile Gautier et les frères Goncourt, Hippolyte Taine et Nathaniel Hawthorne; cette vague continue encore après 1866: c'est ainsi que Richard Wagner, qui a composé à Venise una acte de «Tristan et Yseult», y revient pour s'y établir (il y mourra en 1883), et de même Robert Browning qui achètera Ca' Rezzonico. Les Curtis, famille de mécènes américains, qui ont acheté Palazzo Barbaro sur le Canal Grande, ont hébergé Henry James, qui y travaillera à ses «Aspern Papers», et Edouard Manet qui s'en donne à coeur joie en représentant les jeux de couleurs dans les différents moments de la journée vénitienne.

Si Turner avait peint le pittoresque des barques lagunaires, d'autres après lui avaient cherché dans la réalité vénitienne quotidienne l'inspiration pour des créations artistiques de la plus haute qualité. Parmi les vénitiens il faut citer Ippolito Caffi, le · plus génial et le plus riche en verve; la deuxième

partie du siècle voit la floraison d'une heureuse peinture de caractère, représentée par des artistes tels que Luigi Nono et Alessandro Milesi. Malheureusement tant de joie dans les arts n'empêche pas certaines interventions urbanistiques brutales et stupides dans le magnifique tissu de la ville. Il y aurait peut-être eu encore pis, sans les furibondes polémiques suscitées par un historien engagé tel que Pompeo Molmenti (pour défendre la basilique de San Marco, qui avait été abîmée par de mauvaises restaurations, John Ruskin était intervenu personnellement, lui qui était le pontife des amoureux de Venise, auxquels il avait dédié son oeuvre majeure «Les pierres de Venise»). Entre le XIXème et le XXème siècle, la ville connait une remarquable reprise. C'est alors que nait une génération d'entrepreneurs vénitiens capables et chanceux, dont l'exposant le plus remarquable et célèbre est Giuseppe Volpi di Misurata. C'est le créateur de Porto Marghera, né, selon ses intentions, mais démenties par les circonstances, pour que Venise insulaire ne subisse pas les dommages causés par l'installation d'un port moderne industriel. La décision d'utiliser l'aire marginale de la Lagune, nommée traditionnellement «Bottenighi» a été prise en pleine Grande Guerre, en 1917. Cette année-là, à la suite de la rupture du front italien sur l'Isonzo par les armées autrichiennes qui s'installaient sur le Piave, à quelques kilomètres de Venise, Venise s'était trouvée en première ligne.
Durant la Grande Guerre, Venise a été parmi les premières villes européennes qui ont subi les bombardements aériens. Ce n'était pas la première fois: déjà en 1849, pendant le siège, les Autrichiens avaient utilisé des bombes soutenues par des aérostats. Cette fois, les conséquences devaient être beaucoup plus tragiques: une bombe centrait en plein la plafond de l'église de Santa Maria di Nazareth ou «degli Scalzi», peint à fresque par Giambattista Tiepolo; une autre frappait le siège de la «Scuola Grande di San Marco», alors incorporée à l'Hôpital Civil, provoquant un massacre; d'autres encore menaçaient de près la basilique de San Marco, restée miraculeusement indemne après l'écroulement du campanile qui eut lieu en 1901 (l'ancienne tour avait été reconstruite, après décision du Conseil Municipal, «comme elle était et où elle était»).

L'après-guerre connait une nouvelle vague de prospérité, après avoir fermé les blessures et avoir recomposé les familles, qui, en grande partie, avaient été contraintes à s'abriter dans d'autres villes d'Italie, surtout durant la dernière phase du conflit. C'est aussi l'époque qui, après de longues discussions très animées entre «pontistes» et «anti-pontistes», voit la réalisation du premier pont routier translagunaire, inauguré le 25 avril 1933. Pendant toute son existence millénaire, Venise était restée isolée au milieu de la Lagune. Ce n'est qu'en 1846 qu'un pont de chemin de fer l'avait reliée à la terre ferme; maintenant c'était le tour d'un raccord routier, avec un *terminal* dans la zone finale du Canal Grande; la naissance de ce terminal automobile provoque, avec la démolition d'autres églises, de couvents et de palais, l'excavation d'un nouveau canal de raccord dans de *rii* (ruisseaux) déjà présents, dans le but d'assurer un trafic nautique plus rapide et motorisé entre Piazzale Roma, nouveau-né, et le tronçon du Canal Grande qui va de Ca' Foscari à San Marco. La navigation à rames, malgré l'augmentation de la motorisation, restait la plus répandue dans la zone lagunaire. L'auteur de ces lignes se rappelle non seulement des nombreuses gondoles privées ou «de casada», complètement disparues aujourd'hui, mais aussi des lourdes «peate» de transport et, ammarés à la Riva delle Zattere, des «trabaccoli» à voile qui trafiquaient avec l'Istrie et des «burchi» à rames, qui, pour remonter les fleuves étaient halés par des chevaux. Tout cela devait disparaître définitivement au cours des premières années du second après-guerre. Après avoir passé sans trop de dommages le temps du deuxième conflit mondial (mais la dernière phase, de 1943 à 1945, fut particulièrement pénible à cause de la disette accompagnée d'un froid exceptionnel, et très douloureuse à cause des féroces répressions nazi-fascistes qui frappèrent surtout des otages innocents), Venise insulaire connaît, entre 1945 et 1950, son propre moment de densité maxime de la population, arrivant à toucher le niveau des 184.000 habitants. Par contre, les années Cinquante voient un très rapide déclin: en l'espace de trente ans, Venise insulaire est descendue au-dessous de 90.000 habitants, atteignant ainsi son minimum historique. Véritable catastrophe démographique, causée par de multiples raisons concomitantes: manque d'une politique du logement, difficulté d'intervention d'assainissement des bâtiments, refus d'accepter, pour beaucoup, les conditions de vie inadaptées et difficilement améliorables, manoeuvres spéculatives tendant à maintenir les prix très élevés, et tant d'autres encore.

Pendant ce même temps, l'industrie chimique, fortement présente à Porto Marghera, provoque d'énormes dégradations dues à la pollution; et la nature, violée brutalement à plusieurs reprises par une excessive bonification de zones marginales de la lagune, se venge par une augmentation constante et très dangereuse de l'amplitude des hautes marées. Jusqu'au jour où, le 4 novembre 1966, un exceptionnel concours de circonstances, une très haute marée (de 195 centimetres au-dessus du niveau moyen de la mer!) et un très fort vent de scirocco qui pousse l'Adriatique à outrepasser les défenses des lidos, fait craindre pour la vie-même de Venise, envahie, flagellée et submergée par les eaux.

Jusqu'à maintenant (1988) rien de définitif n'a encore été fait pour la sauvegarde globale de la ville. Par contre, les interventions de restauration se sont grandement multipliées, surtout grâce à la contribution d'un grand nombre d'organisations privées qui ont germé dans le monde entier, en réponse à un appel lancé par un directeur général de l'UNESCO qui a bien mérité, René Maheu. Cependant on a quelques raisons d'espérer: les prémisses législatives et financières pour les deux graves problèmes des hautes marées et de la pollution existent déjà; il existe l'engagement du Gouvernement italien, il existe un consortium pour la réalistion des oeuvres prévues qui fonctionne déjà. Il reste le problème de l'habitabilité: comme on l'a souvent observé, Venise ne peut se réduire à ville de résidences secondaires, où les propriétaires y passeront quelques semaines par an. Venise doit vivre, et pas seulement d'un tourisme qui, de plus en plus de masse, pressé et mal élevé, la pollue et la mortifie en tous sens. Parallèlement au tourisme polluant et incivil, il

existe par contre un autre monde qui prospère, moins bruyant et beaucoup plus concret: celui des activités culturelles. a côté de l'Université et des autres institutions traditionnelles, la Fondation «Giorgio Cini», exerce sa providentielle fonction, créé par un grand homme d'affaires mécénate, Vittorio Cini, pour rappeler son fils prématurément disparu; elle est installée dans les édifices de l'ancienne abbaye de San Giorgio Maggiore, magnifiquement remis en état. Et puis, malgré de stupides incompréhensions bureaucratiques, la précieuse collection d'art d'avant-garde, rassemblée par Peggy Guggenheim est restée à Venise, gérée par la Fondazione Solomon R. Guggenheim. D'autres fondations se font promotrices d'études spécialisées en différents domaines. Certains pays étrangers ont implanté à Venise des instituts scientifiques, et, à côté d'une école internationale pour restaurateurs, le conseil d'Europe a promu une institution européenne de recherche oncologique, qui est née récemment dans l'île de San Servolo.

La «touristisation» sauvage a malheureusement contaminé même les lieux les plus typiques et les plus aimés de la Venise populaire. C'est le cas du délicieux marché de Rialto où beaucoup de boutiques alimentaires traditionnelles ont cédé la place à de mélancoliques points de vente de pacotilles dégoutantes, fabriquées à Taiwan ou à Hong Kong, et vendues comme «spécialités vénitiennes». Et cette «touristisation» a transformé la gondole, si chère à tous les poètes à partir de Goethe, en un véhicule pour transporter des tas de touristes dénudés qui écoutent ravis des chanteurs essoufflés. Mais, aux heures de marché, l'*Erbaria* déborde encore des produits savoureux et bariolés de l'estuaire et du fertile arrière-pays vénitien, et dans la Pescheria, on peut encore voir frétiller poissons et crustacés de l'Adriatique. Et si le Canal Grande se transforme trop souvent en une piste de course pour canots à moteurs ou bien si parfois il est congestionné de trafic motorisé comme une route de ville de terre, il suffit de se perdre dans les «callette» et dans les «campielli» des quartiers plus éloignés de Dorsoduro et de Castello, pour retrouver ce climat enchanté d'une ville authentique, celle qui, à travers les siècles, a séduit tant de coeurs illuminés et généreux.

Certains d'entre eux n'ont plus voulu se séparer de l'enchantement vénitien: c'est le cas de Sergeij Diaghilev, créateur des «Ballets Russes» qui marquèrent le goût international des années Vingt, de Igor Strawinskij et du poète Ezra Pound, tous ensevelis dans la tranquillité du cimetière de San Michele in Isola, à l'ombre de hauts cyprès. On peut continuer à rêver dans cette Venise que l'on reconnaît encore dans les étroites ruelles du Ghetto aux très hautes maisons, dans les «rii» de Castello et de Dorsoduro, où l'on peut encore voir de grosses barques pleines de fruits opulents. Certes Venise a derrière elle une région qui jusqu'à il y a vingt ans était sous-développée et trèe pauvre, mais qui maintenant est en tête de la productivité et du développement. Souhaitons que cet arrière-pays qui monte, sache comprendre et défendre l'extraordinaire joyau qui en constitue sa préoccupation constante, mais aussi sa gloire, son inégalable trésor: propriété indiscutée non pas d'une région ou d'une nation, mais de tout le monde civilisé.

ALVISE ZORZI

Le origini di Venezia rivivono nel clima incantato di Torcello: grandi distese di acqua, canneti, ortaglie, stoppie, tonfo di remi, richiami di uccelli palustri ed una grande cattedrale. Poco d'altro rimane dei tempi eroici della nascita della città. Ma la basilica marciana con le sue cupole orientali, con lo scintillio dei mosaici ed alcuni palazzi duecenteschi schierati sul Canal Grande ricordano gli anni dell'ascesa, da comunità marginale a grande potenza mediterranea.

The origins of Venice live again in the enchanted surroudings of Torcello: broad expanses of water, thickets of reeds, vegetable gardens, stubble-fields, the splash of oars, the calls of marsh birds and a majestic cathedral.
Little else remains of the heroic beginnings of the city. But the basilica of San Marco, with its oriental cupolas and glittering mosaics, and the 13th-century palaces lining the Canal Grande, mark the city's growth from an outlying settlement to a great Mediterranean power.

Die Anfänge Venedigs leben in der bezaubernden Athmosphäre von Torcello wieder auf: weite Wasserflächen, ausgedehnte Röhricht-, Gemüse- und Stoppelfelder, der dumpfe Schlag der Ruder, Rufe von Sumpfvögeln und eine große Kathedrale. Nicht viel mehr ist von der heroischen Zeit der Geburt der Stadt geblieben. Aber der Markusdom mit seinen orientalischen Kuppeln, mit dem funkelnden Glanz seiner Mosaike und einige Paläste aus dem 13. Jahrhundert am Canal Grande entlang erinnern an die Jahre des Aufstiegs einer unbedeutenden Gemeinde zu einer Mittelmeergroßmacht.

Les origines de Venise revivent dans le climat enchanté de Torcello: grandes étendues d'eau, roseaux, jardins potagers, joncs, bruit sourd de rames, appels d'oiseaux des marais et une grande cathédrale. Presque rien d'autre ne reste des temps héroiques de la naissance de la ville. Mais la basilique de San Marco avec ses coupoles orientales, et avec le scintillement des mosaïques, ainsi que certains palais du XIIIème siècle qui longent le Canal Grande, rappellent les années de l'ascèse, de communauté marginale à grande puissance méditerranéenne.

Acque, stoppie, canneti e l'alta torre campanaria di Torcello: nessun'altra immagine rievoca con altrettanta evidenza la Venezia delle origini.

Water, stubble-fields, thickets of reeds and the tall bell tower of Torcello: no other image is so directly evocative of what Venice was originally like.

Wasser, Stoppeln, Röhricht und der hohe Glockenturm von Torcello: kein anderes Bild evoziert gleichermaßen eindringlich das Venedig der Anfänge.

Des eaux, des joncs, des roseaux et le haut clocher de Torcello: aucune autre image n'évoque avec autant d'évidence la Venise des origines.

*Torcello: Ponte
del Diavolo.*

*Torcello: Ponte
del Diavolo.*

*Torcello: Ponte
del Diavolo.*

*Torcello: Ponte
del Diavolo.*

Santa Fosca di Torcello.

Torcello: Santa Fosca.

Santa Fosca auf Torcello.

Santa Fosca de Torcello.

Torcello: l'interno della cattedrale col mosaico del Giudizio Universale.

Torcello: the interior of the cathedral with the mosaic of the Last Judgment.

Torcello: Das Innere der Kathedrale mit dem Mosaik des Letzten Gerichts.

Torcello: intérieur de la cathédrale avec le mosaïque du Jugement Dernier.

Dal «Giudizio Universale» della cattedrale di Torcello: l'Anticristo in braccio a Lucifero; i dannati; i Padri della Chiesa; gli angeli che annunziano la risurrezione dei corpi.

Detail from the «Last Judgment» in the cathedral of Torcello: Antichrist in the arms of Lucifer; the Damned; the Fathers of the Church; the angels announcing the resurrection of the body.

Aus dem «Letzten Gericht» der Kathedrale von Torcello: der Antichrist im Arm des Teufels; die Verdammten; die Kirchenväter; die Engel, die die Auferstehung der Toten verkünden.

Détail du «Jugement Dernier» de la cathédrale de Torcello: l'Antichrist dans les bras de Lucifer; les damnés; les pères de l'Eglise; les anges qui annoncent la résurrection de la chair.

Gondole, cielo e
laguna:
un'immagine
dell'infinito
lagunare.

Gondolas, the sky
and the lagoon:
an image of the
lagoon's infinite
expanse.

Gondeln, Himmel
und die Lagune:
ein Bild der
Unendlichkeit der
venezianischen
Lagune.

Gondoles, ciel et
lagune: une image
de l'infini
lagunaire.

Quasi a dispetto
del mondo
rarefatto della
laguna,
l'eccezionale
densità
dell'agglomerato
veneziano.

Contrasting with
the wide spaces of
the lagoon, the
exceptionally high
density of the
built-up area of
Venice.

Der weitläufigen
Welt der Lagune
fast zum Trotz,
die
außergewöhnlich
dichtgedrängte
Stadt Venedig.

Comme pour
contrarier le
monde raréfié de
la lagune,
l'exceptionnelle
densité de
l'agglomération
vénitienne.

Il cortile di
Palazzo Ducale
con le cupole
della basilica di
San Marco,
cappella del Doge
dal IX secolo alla
fine del XVIII.

The courtyard of
Palazzo Ducale
with the domes of
the basilica of San
Marco, the Doge's
chapel from the
9th century until
the end of the
18th century.

Der Hof des
Palazzo Ducale
mit den Kuppeln
der Basilika von
San Marco,
Dogenkapelle vom
IX. bis zum Ende
des XVIII.
Jahrhunderts.

La cour de
Palazzo Ducale
avec les coupoles
de la basilique de
San Marco,
chapelle du Doge
du IXème siècle
jusqu'à la fin du
XVIIIème.

I quattro presunti Tetrarchi di porfido rosso che si abbracciano alla base della Torre del Tesoro.

The four red porphyry figures, known as the «Tetrarchs», who embrace at the base of the Torre del Tesoro.

Die vier sogenannten «Tetrarchen» aus rotem Porphyr, die sich am Fuß der Torre del Tesoro umarmen.

Les quatre présumés «Tétrarques» de porphyre rouge enlacés à la base de la Torre del Tesoro.

«*El paron de casa*»: *così per mille anni fu chiamato il campanile di San Marco, crollato nel 1901 e rifatto, per voto del Comune, «com'era e dov'era».*

«*El paron de casa*» *(the master of the house): for a thousand years the bell tower of San Marco was called this. It collapsed in 1901 and was rebuilt by order of the city council, «as it was and where it was».*

«*El paron de casa*», *der Hausherr, so wurde tausend Jahre Lang der Glockenturm von San Marco genannt, der 1901 zusammenstürzte und auf Beschluß der Gemeinde, «wie und wo er war» wiederaufgebaut wurde.*

«*El paron de casa*» *(le maître de la maison): c'est ainsi que pendant mille ans fut appelé le campanile de San Marco, écroulé en 1901 et refait, selon le vouloir de la Commune, «comme il était, et où il était».*

Gentile Bellini: la
Processione della
Croce in Piazza
San Marco. Sono
leggibili i più
minuti particolari
della facciata della
basilica.

Gentile Bellini:
the Procession of
the Cross in
Piazza San Marco.
The tiniest details
on the façade of
the basilica can
be seen.

Gentile Bellini:
Der Kreuzweg auf
Piazza San Marco.
Die Fassade der
Basilika ist bis auf
die kleinsten
Details erkennbar.

Gentile Bellini: la
Procession de la
Croix dans Piazza
San Marco. On
peut même voir
les plus petits
détails de la
façade de la
basilique.

L'incrocio degli stili non è l'ultima delle ragioni del fascino della basilica marciana.

The blending of styles is one of the reasons why the basilica of San Marco is so fascinating.

Die Mischung der Stile ist nicht der letzte Grund für die Faszination des Markusdoms.

Le croisement des styles dans la basilique de San Marco n'est pas la dernière raison de son charme.

Una scalata di
angeli gotici sullo
sfondo delle
cupole
orientaleggianti di
San Marco.

A flight of Gothic
angels against the
backdrop of the
oriental-style domes
of San Marco.

Eine abgestufte
Reihe gotischer
Engel auf dem
Hintergrund der
den Orient
evozierenden
Kuppeln von
San Marco.

Un escalier d'anges
gothiques se
détachant sur le
fond des coupoles
orientalisantes de
San Marco.

Il chiostro di
Santa Apollonia,
unico esempio di
architettura
monastica romanica
a Venezia.

The cloister of
Santa Apollonia:
the only example
of Romanesque
monastery
architecture in
Venice.

Das Kloster Santa
Apollonia, einziges
Beispiel
romanischer
Klosterarchitektur
in Venedig.

Le cloître de
Santa Apollonia,
unique exemple
d'architecture
monastique romane
à Venise.

S. Zan Degolà,
una delle chiese
più antiche di
Venezia, adorna
all'interno di
antichissimi
affreschi.

S. Zan Degolà:
one of the oldest
churches in
Venice, adorned
inside with ancient
frescoes.

S. Zan Degolà,
eine der ältesten
Kirchen Venedigs,
im Innern mit
Fresken
ausgeschmückt.

S. Zan Degolà,
l'une des plus
anciennes églises
de Venise, ornée à
l'intérieur par de
très anciennes
fresques.

Come la torre di
Torcello, la torre
campanaria di
Santa Maria e
Donato di Murano
affianca una
splendida basilica
millenaria.

Like the tower of
Torcello, the bell
tower of Santa
Maria e Donato
on Murano stands
next to a splendid
thousand-year-old
basilica.

Wie der Turm
von Torcello so
hat auch der
Glockenturm von
Santa Maria e
Donato von
Murano eine
herrliche
tausendjährige
Basilika zur Seite.

Comme la tour de
Torcello, le
clocher de Santa
Maria e Donato
de Murano côtoie
une splendide
basilique
millénaire.

L'interno di Santa
Maria e Donato
di Murano con i
rari mosaici
pavimentali.

The interior of
Santa Maria e
Donato on
Murano, with its
rare mosaic floor.

Das Innere von
Santa Maria e
Donato von
Murano mit dem
seltenen
Mosaikfußboden.

L'intérieur de
Santa Maria e
Donato de Murano
avec son rare
pavement de
mosaïques.

La rara confluenza
di due rii nella
contrada di San
Giovanni Laterano,
a Castello.

A rare junction
between two small
canals in the
quarter of San
Giovanni Laterano,
at Castello.

Der seltene
Zusammenfluß
zweier Kanäle im
Viertel San
Giovanni Laterano
in Castello.

La rare confluence
de deux canaux
dans le quartier
de San Giovanni
Laterano, à
Castello.

Un'altra
confluenza, ma di
due calli, in
Campo dei Gesuiti
a Cannaregio.

Another junction,
this time between
two «calli» in
Campo dei Gesuiti
at Cannaregio.

Ein anderer
Zusammenfluß,
diesmal zweier
Gassen in Campo
dei Gesuiti in
Cannaregio.

Une autre
confluence, mais
de deux «calli» à
Campo dei Gesuiti
à Cannaregio.

Aria di tempesta nel Bacino di San Marco. Il problema delle maree è oggi gravissimo per Venezia.

An approaching storm in the Bacino di San Marco. High tides today pose a serious threat to the city.

Aufkommender Sturm im Bacino di San Marco. Die Gezeiten sind heute ein akutes Problem für Venedig.

Air de tempête dans le Bacino di San Marco; le problème des marées est aujourd'hui lancinant pour Venise.

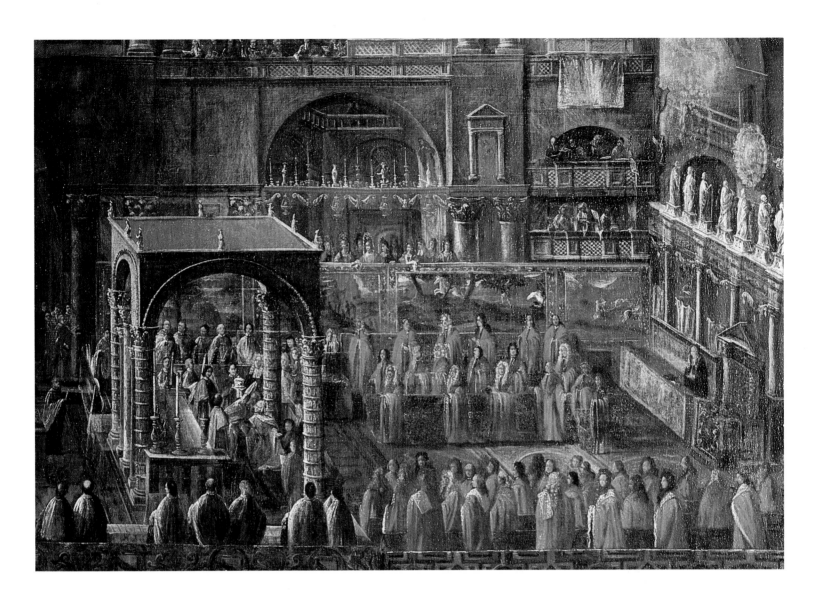

Cerimonia repubblicana nel presbiterio di San Marco. In primo piano a sinistra, il ciborio dell'Altar Maggiore.

Republican ceremony in the presbytery of San Marco. In the left foreground, the ciborium of the High Altar.

Feier der Republik im Presbyterium von San Marco. Links im Vordergrund das Ziborium des Hauptaltars.

Cérémonie républicaine dans le presbytère de San Marco. Au premier plan à gauche, le ciboire du Maître-Autel.

Una delle colonne istoriate, forse ravennati, forse siriache, che sorreggono il ciborio dell'Altar Maggiore di San Marco.

One of the sculptured columns, perhaps from Ravenna or perhaps Syriac, supporting the ciborium of the High Altar in San Marco.

Eine der Bildersäulen syrischer oder ravennatischer Herkunft, die das Ziborium des Hauptaltars von San Marco tragen.

Une des colonnes historiées, peut-être ravennates, ou bien syriaques, qui soutiennent le ciboire du Maître-Autel de San Marco.

Storie della
Passione di Cristo
su una delle
colonne del ciborio
dell'Altare
Maggiore di
San Marco.

Story of the
Passion of Christ
on one of the
columns of the
High Altar of
San Marco.

Die Leidens-
geschichte Christi
auf einer der
Säulen des
Ziboriums des
Hauptaltars von
San Marco.

Histoires de la
Passion du Christ
sur l'une des
colonnes du
ciboire du
Maître-Autel de
San Marco.

*Particolare della
Pala d'Oro, il
prezioso polittico
bizantino di smalti
e pietre preziose
dell'Altar Maggiore
di San Marco.*

*Detail of the Pala
d'Oro, the precious
Byzantine
polyptych with
enamels and
precious stones on
the High Altar of
San Marco.*

*Ausschnitt der
Pala d'Oro, des
kostbaren
byzantinischen
Polyptychons aus
Emaille und
Edelsteinen des
Hauptaltars von
San Marco.*

*Détail de la Pala
d'Oro, précieux
polyptyque
byzantin d'émaux
et de pierres
précieuses sur le
Maître-Autel de
San Marco.*

L'icona bizantina
della Vergine
«Nicopéia»
(artefice di
vittoria), venerata
dai veneziani come
protettrice della
città.

The Byzantine
icon of the
«Nicopeian»
Madonna
(Victory-Giver),
venerated by the
Venetians as the
protector of the
city.

Die byzantinische
Ikone der Heiligen
Jungfrau
«Nicopéia»,
Siegesbringerin, die
von den
Venezianern als
Beschützerin der
Stadt verehrt wird.

L'icône byzantine
de la Vierge
«Nicopéia»
(artisane de
victoire), vénerée
par les vénitiens
comme protectrice
de la ville.

In mezzo ad altri
edifici, si riconosce
Palazzo da Mosto,
raro esempio di
architettura
veneto-bizantina: vi
nacque il
navigatore Alvise
da Mosto.

Among the other
buildings, Palazzo
da Mosto: a rare
example of
Veneto-Byzantine
architecture.
Here the navigator
Alvise da Mosto
was born.

Mitten zwischen
anderen Gebäuden
erkennt man den
Palazzo da Mosto,
seltenes Beispiel
venetisch-byzantini-
scher Architektur,
in dem der
Seefahrer Alvise
da Mosto geboren
wurde.

Sur un «campo» à
hauts bâtiments,
on reconnaît
Palazzo da Mosto,
rare exemple
d'architecture
vénéto-byzantine:
ici nacquit le
navigateur Alvise
da Mosto.

In primo piano a sinistra, l'ottocentesca Casa Mainella. Accanto il gotico Palazzo Loredan, detto dell'Ambasciatore perché a lungo sede degli ambasciatori imperiali.

In the left foreground, the 19th-century Casa Mainella. Next to it, the Gothic Palazzo Loredan, also known as «dell'Ambasciatore» because it was for many years the headquarters of the imperial ambassadors.

Links im Vordergrund Casa Mainella aus dem 19. Jahrhundert. Daneben der gotische Palazzo Loredan, auch «dell'Ambasciatore» genannt, weil er lange Zeit der Sitz des kaiserlichen Botschafters war.

Au premier plan à gauche, Casa Mainella, du XIXème siècle. A côté le Palazzo gothique Loredan, dit «dell'Ambasciatore», car pendant longtemps il fut siège des ambassadeurs impériaux.

Benché sconciato
dai restauri, il
cosiddetto Fondaco
dei Turchi è un
prezioso esempio
di architettura
veneziana del
Duecento, ancora
legata a forme
della tarda
romanità.

Although spoiled
by restoration, the
so-called Fondaco
dei Turchi is a
precious example
of Venetian
architecture of the
13th century, still
tied to late
Romanesque forms.

Obwohl durch
Restaurierung
verunstaltet, bleibt
der sogenannte
Fondaco dei
Turchi doch ein
wertvolles Beispiel
venezianischer
Architektur des
Duecento, die
noch der
spätrömischen
verbunden ist.

Bien qu'abîmé par
les restaurations,
le dit Fondaco dei
Turchi est un
précieux exemple
d'architecture
vénitienne du
XIIIème siècle,
encore attachée à
de formes du
roman tardif.

Venezia conosce almeno cinquecento anni di grandezza economica, politica ed una magnificenza che rende il suo volto splendido. Sono gli anni della fioritura del gotico e dell'arte rinascimentale, che hanno lasciato segni indelebili in ogni aspetto della città.

Venice knows at least five hundred years of economic and political greatness; magnificent art clothes the city in splendour. These are the years of the flowering of Gothic and Renaissance art that will make such a permanent impression on the fabric of the city.

Mindestens fünfhundert Jahre lang besitzt Venedig wirtschaftliche und politische Macht, und eine Herrlichkeit die der Stadt ein prachtvolles Aussehen verleiht. Es sind die Jahre der Blüte der Gotik und der Kunst der Renaissance, die in jedem Teil der Stadt unauslöschliche Spuren hinterlassen haben.

Venise connaît au moins cinqcents ans de grandeur économique, politique et une magnificence d'art qui rend son visage splendide. Ce sont les années de la floraison du gothique et de l'art de la Renaissance, qui ont laissé des traces indélébiles dans tous les aspects de la ville.

Come in una
veduta del
Canaletto la
pittoresca sfilata
delle Procuratie
Vecchie in Piazza
San Marco.

Piazza San Marco:
the parade of the
Procuratie Vecchie
appears to have
been taken from a
panorama by
Canaletto.

Wie in einer
Vedute von
Canaletto: die
Flucht der
Procuratie Vecchie
auf dem Piazza
San Marco.

Piazza San Marco:
comme dans une
vue de Canaletto,
le pittoresque
défilé des
Procuratie Vecchie.

La processione
dogale del Corpus
Domini in Piazza
San Marco, in un
quadro di Gabriel
Bella, dipinto nella
seconda metà del
Settecento.

The Doge's
procession of the
Corpus Domini in
Piazza San Marco:
a picture by
Gabriel Bella
painted during the
second half of the
18th century.

Die Fronleich-
namsprozession des
Dogen auf Piazza
San Marco, auf
einem Gemälde
von Gabriel Bella
aus der 2. Hälfte
des 18.
Jahrhunderts.

Piazza San Marco:
la procession des
doges du Corpus
Domini, dans un
tableau de Gabriel
Bella, peint dans
la seconde moitié
du XVIIIème
siècle.

Il cosiddetto
«liston» di Piazza
San Marco, un
tempo passeggio
dei nobili in
maschera il giorno
di Santo Stefano.

The so-called
«liston» of Piazza
San Marco: once,
masked noblemen
would stroll here
on Santo Stefano's
day.

Der sogenannte
«liston» auf Piazza
San Marco, einst
Spaziergang
maskierter Adliger
am Tag von Santo
Stefano.

Le dit «liston» de
Piazza San Marco,
autrefois
promenade des
nobles masqués le
jour de Santo
Stefano.

Sopravvissuta a molte vicissitudini, a malaccorti viaggi e restauri, la celebre quadriga di San Marco, oggi ritirata all'interno della basilica, è l'unico esempio del genere che ci rimanga.

Survivors of a turbulent past, of unwise journeys to exhibitions around the world, and clumsy restoration work, the celebrated four horses of San Marco; now kept inside the basilica, they are the only surviving example of a quadriga of this kind.

Viele Wechselfälle, unangebrachte Reisen und Restaurierungen hat das berühmte Viergespann von San Marco, das einzige uns gebliebene Beispiel seiner Art, überlebt, das sich heute im Innern der Basilika befindet.

Survécue à de nombreuses vicissitudes, à de malavisés voyages et restaurations, la célèbre quadrille de San Marco, aujourd'hui retirée à l'intérieur de la basilique, est l'unique exemple de ce genre qui nous reste.

Quasi parlanti i cavalli portati da Costantinopoli, preda di guerra, nel 1204.

The horses brought from Constantinople in 1204 as trophies of war almost seem to speak.

Die als Kriegsbeute 1204 aus Konstantinopel hergebrachten Pferde scheinen zu sprechen.

Presque parlants les chevaux apportés de Constantinople, butin de guerre en 1204.

113

Bacino di San Marco. Isola con San Giorgio Maggiore dall'alto.

Bacino di San Marco with San Giorgio Maggiore from above.

Bacino di San Marco. Die Insel von San Giorgio Maggiore, von oben.

Bacino di San Marco. Ile avec San Giorgio Maggiore, vu d'en haut.

123

Fervono i restauri.
Qui la cuspide di
San Giorgio
Maggiore.

Restoration work
at its height.
Here, the spire of
San Giorgio
Maggiore.

Die Restaurierung
wird eifrig
betrieben. Hier
der Giebel von
San Giorgio
Maggiore.

Les restaurations
battent leur plein.
Ici la flèche de
San Giorgio
Maggiore.

Un'immagine fin troppo famosa: il Ponte dei Sospiri (e, sullo sfondo, la facciata palladiana di San Giorgio Maggiore).

A famous view: Ponte dei Sospiri (and, in the background, the Palladian façade of San Giorgio Maggiore).

Ein zu bekanntes Bild: Ponte dei Sospiri (und im Hintergrund die Fassade von San Giorgio Maggiore von Palladio).

Une image très célèbre: Ponte dei Sospiri (et, sur le fond, la façade palladienne de San Giorgio Maggiore).

125

San Giorgio e la
Giudecca: aria di
tempesta.

San Giorgio and
the Giudecca: a
storm threatens.

San Giorgio und
die Giudecca:
aufkommender
Sturm.

San Giorgio et la
Giudecca: air de
tempête.

*La Chiesa delle
Zitelle, probabile
opera di Andrea
Palladio, alla
Giudecca.*

*Chiesa delle
Zitelle on the
Giudecca: probably
the work of
Andrea Palladio.*

*Chiesa delle
Zitelle,
wahrscheinlich ein
Werk Palladios,
auf der Giudecca.*

*Chiesa delle
Zitelle, oeuvre
présumée d'Andrea
Palladio, à la
Giudecca.*

La laguna e le isole della laguna: una sfilata di problemi insoluti.

The lagoon and its islands: a series of insolved problems.

Die Lagune, die Inseln der Lagune: eine Reihe ungelöster Probleme.

La lagune et les îles de la lagune: tout un défilé de problèmes irrésolus.

Vestigia «Belle
Epoque» e vestigia
industriali tra le
Zattere e la
Giudecca.

Relics of the
«Belle Epoque»
and industrial
remains between
the Zattere and
the Giudecca.

Zwischen den
Zattere und
Giudecca: Spuren
der «Belle
Époque» und von
Industrie.

Vestiges «Belle
Epoque» et
vestiges industriels
entre les Zattere
et la Giudecca.

Il Canal Grande
dal Palazzo dei
Camerlenghi a
Palazzo Michiel
dalle Colonne.

The Canal Grande
from Palazzo dei
Camerlenghi to
Palazzo Michiel
dalle Colonne.

Der Canal Grande
von Palazzo dei
Camerlenghi bis
Palazzo Michiel
dalle Colonne.

Canal Grande de
Palazzo dei
Camerlenghi à
Palazzo Michiel
dalle Colonne.

Un simbolo della
città: il Ponte di
Rialto.

A symbol of the
city: Ponte di
Rialto.

Ein Symbol der
Stadt: Ponte di
Rialto.

Un symbole de la
ville: Ponte di
Rialto.

Rialto: il ponte, il
Palazzo dei
Camerlenghi e, in
fondo, il
campanile di
San Mattia.

Rialto: the bridge,
Palazzo dei
Camerlenghi and,
in the distance,
the bell tower of
San Mattia.

Rialto: die Brücke,
der Palazzo dei
Camerlenghi und
im Hintergrund
der Glockenturm
von San Mattia.

Rialto: le pont,
Palazzo dei
Camerlenghi et, au
fond, le campanile
de San Mattia.

Il Fondaco dei Tedeschi, già sede dei mercanti mitteleuropei. Fu frescato da Giorgione e da Tiziano. Vi abitò Albrecht Dürer.

The Fondaco dei Tedeschi, once the trading centre and residence of merchants from Central Europe. It was frescoed by Giorgione and Titian. Albrecht Dürer lived here.

Der Fondaco dei Tedeschi, früher Sitz der mitteleuropäischen Kaufleute. Er wurde von Giorgione und Tizian mit Fresken versehen; in ihm wohnte Albrecht Dürer.

Le Fondaco dei Tedeschi, anciennement siège des marchands du Centre-Europe. Il fut fresqué par Giorgione et par Titien. Albrecht Dürer y habita.

L'interno del Fondaco dei Tedeschi.

The interior of the Fondaco dei Tedeschi.

Das Innere des Fondaco dei Tedeschi.

Intérieur du Fondaco dei Tedeschi.

Corte del Milion:
qui erano le case
di Marco Polo e
dei suoi.

Corte del Milion:
these were the
homes of Marco
Polo and the
members of his
family.

Corte del Milion:
Hier standen die
Häuser von Marco
Polo und seinen
Verwandten.

Corte del Milion:
ici se trouvaient
les maisons de
Marco Polo et des
siens.

Palazzo Corner
(poi Loredan) e
Palazzo Dandolo
(poi Farsetti): due
palazzi del
Duecento, oggi
sede del municipio
di Venezia.

Palazzo Corner
(later Loredan)
and Palazzo
Dandolo (later
Farsetti): these
two 13th-century
palaces now house
the Venice
municipal offices.

Palazzo Corner
(dann Loredan)
und Palazzo
Dandolo (dann
Farsetti): zwei
Paläste des
Duecento, heute
Rathaus von
Venedig.

Palazzo Corner
(puis Loredan) et
Palazzo Dandolo
(puis Farsetti):
deux palais du
XIIIème siècle,
aujourd'hui siège
de la mairie de
Venise.

La torreggiante mole di Palazzo Grimani, opera di Michele Sanmicheli, accanto al gotico di Palazzo Corner Contarini «dei cavalli».

The towering bulk of Palazzo Grimani, the work of Michele Sanmicheli; next to it the Gothic form of Palazzo Corner Contarini «dei cavalli».

Das herausragende Gebäude von Palazzo Grimani, ein Werk von Michele Sanmicheli neben dem gotischen Palazzo Corner Contarini «dei cavalli».

La dimension imposante de Palazzo Grimani, oeuvre de Michele Sanmicheli, à côté de Palazzo Corner Contarini «dei cavalli», de style gothique.

La facciata della Scuola di San Marco (oggi accesso all'Ospedale Civile) è uno dei capolavori del Rinascimento veneziano.

The façade of the Scuola di San Marco (now part of the Civilian Hospital) is one of the masterpieces of the Venetian Renaissance.

Die Fassade der Scuola di San Marco (heute Zugang zum städtischen Krankenhaus) ist eins der Meisterwerke der venezianischen Renaissance.

La façade de la Scuola di San Marco (aujourd'hui entrée de l'Hôpital Civil) est l'un des chefs-d'oeuvre de la Renaissance vénitienne.

*Il monumento
funebre del doge
Tommaso
Mocenigo
(«Tommasone»: il
predecessore e
nemico politico di
Francesco Foscari)
ai SS. Giovanni e
Paolo.*

*The funeral
monument of
Doge Tommaso
Mocenigo
(«Tommasone»:
the predecessor
and political
enemy of
Francesco Foscari)
at SS. Giovanni e
Paolo.*

*Das Grabmal des
Dogen Tommaso
Mocenigo
(«Tommasone»:
der Vorläufer und
politische Gegner
Francesco Foscaris)
in SS. Giovanni e
Paolo.*

*Le monument
funèbre du doge
Tommaso
Mocenigo
(«Tommasone»: le
prédécesseur et
ennemi politique
de Francesco
Foscari) à SS.
Giovanni e Paolo.*

139

Michele Steno, il
doge che iniziò la
conquista della
terraferma veneta.

Michele Steno, the
Doge who began
the conquest of
the Venetian
mainland.

Michele Steno, der
Doge, der die
Eroberung des
venetischen
Festlandes begann.

Michele Steno, le
doge qui
commença la
conquête de la
terreferme
vénitienne.

Santa Maria dei Frari, la prima chiesa francescana di Venezia.

Santa Maria dei Frari: the first Franciscan church of Venice.

Santa Maria dei Frari, die erste Franziskaner Kirche Venedigs.

Santa Maria dei Frari, la première église franciscaine de Venise.

L'Assunta di
Tiziano illumina
l'Altar Maggiore di
Santa Maria
Gloriosa dei Frari.

Titian's
«Assumption»
illuminates the
High Altar of
Santa Maria
Gloriosa dei Frari.

Die «Assunta»
von Tizian
verklärt den
Hauptaltar von
Santa Maria
Gloriosa dei Frari.

«Notre-Dame de
l'Assomption» de
Titien illumine le
Maître Autel de
Santa Maria
Gloriosa dei Frari.

Santa Maria dei Frari: in questo sepolcro, capolavoro dei Bregno, riposa il grande doge Francesco Foscari.

This sepulchre, Bregno's masterpiece, in Santa Maria dei Frari, contains the remains of the great doge Francesco Foscari.

In dieser Grabstätte, einem Meisterwerk von Bregno, ruht der große Doge Francesco Foscari in Santa Maria dei Frari.

Dans ce sépulcre, chef-d'oeuvre des Bregno, repose le grand doge Francesco Foscari, à Santa Maria dei Frari.

143

La Ca' d'Oro: il punto più alto dell'architettura civile veneziana dell'età gotica.

The Ca' d'Oro: the high point of Venetian secular architecture in the Gothic age.

Ca' d'Oro: Höhepunkt der städtischen Architektur in Venedig zur Zeit der Gotik.

La Ca' d'Oro: l'apogée de l'architecture civile vénitienne de l'âge gothique.

*Dalla loggia della
Ca' d'Oro.*

*From the loggia
of the Ca' d'Oro.*

*Von der Loggia
der Ca' d'Oro aus.*

*De la loge de la
Ca' d'Oro.*

Salvata e
restaurata da
Giorgio Franchetti
per ospitare le sue
raccolte d'arte, la
Ca' d'Oro è oggi
un prestigioso
museo.

Saved and restored
by Giorgio
Franchetti in order
to house his art
collection, the Ca'
d'Oro is today a
prestigious
museum.

Von Giorgio
Franchetti gerettet
und restauriert,
um Kunst-
sammlungen zu
beherbergen, ist
die Ca' d'Oro
heute ein
angesehenes
Museum.

Sauvée et
restaurée par
Giorgio Franchetti
pour abriter ses
collections d'art, la
Ca' d'Oro est de
nos jours un
musée prestigieux.

L'arte del
Rinascimento è
più di ogni altra
di casa nella Ca'
d'Oro.

Renaissance art,
more than any
other kind, is at
home in the Ca'
d'Oro.

Die Kunst der
Renaissance ist
mehr als irgendwo-
anders in der Ca'
d'Oro zu Hause.

L'art de la
Renaissance est
plus que tout
autre chez-soi
dans la Ca' d'Oro.

Affreschi strappati, oggi alla Ca' d'Oro. Qui si trovano anche i resti della decorazione frescata da Giorgione e Tiziano al Fondaco dei Tedeschi.

Frescoes, removed and now housed in the Ca' d'Oro. Here one can also see what is left of the frescoes painted by Giorgione and Titian in the Fondaco dei Tedeschi.

Heruntergenommene Fresken, heute in der Ca' d'Oro. Hier finden sich auch die Reste der Fresken, die Giorgione und Tizian für den Fondaco dei Tedeschi anfertigten.

Fresques arrachées aujourd'hui à la Ca' d'Oro. Ici se trouvent aussi les restes de la décoration fresquée par Giorgione et Titien au Fondaco dei Tedeschi.

Tiziano: Venere con la pelliccia. È uno dei capolavori riuniti alla Ca' d'Oro da Giorgio Franchetti.

Titian: Venus with the Fur Coat. One of the masterpieces brought to the Ca' d'Oro by Giorgio Franchetti.

Tizian: Venus mit Pelz. Eins der Meisterwerke, die Giorgio Franchetti in der Ca' d'Oro vereint hat.

Titien: Vénus à la fourrure. C'est l'un des chefs-d'oeuvre réunis à la Ca' d'Oro par Giorgio Franchetti.

149

Le «Scuole
Grandi» erano i
più importanti
«club» dei
devozionali
veneziani. Qui i
confratelli di
San Giovanni
Evangelista,
davanti al loro
Santo.

The «Scuole
Grandi» were the
meeting-places of
the most important
Venetian religious
confraternities.
Here we see the
brother-members of
the guild of San
Giovanni
Evangelista before
their saint.

Die «Scuole
Grandi» waren die
wichtigsten
«Clubs» der
venezianischen
Brüderschaften.
Hier die
Brüderschaft von
San Giovanni
Evangelista vor
ihrem Heiligen.

Les «Scuole
Grandi» étaient
les plus importants
«clubs» des dévots
vénitiens. Ici les
confrères de San
Giovanni
Evangelista, devant
leur saint.

La fuga delle
merlature delle
Procuratie Vecchie.

The crenellations
of the Procuratie
Vecchie.

Die Flucht der
Zinnen der
Procuratie Vecchie.

L'enfilée en fuite
des créneaux des
Procuratie Vecchie.

Malgrado il biancore della pittura acrilica, così poco consona al gusto veneziano, le linee rinascimentali di Santa Maria Formosa, continuano a sposarsi col campanile «rocaille».

Despite the whiteness of the acrylic paint, so out of keeping with Venetian taste, the Renaissance lines of Santa Maria Formosa still blend with its «rocaille» bell tower.

Auch wenn das strahlende Weiß der Acrylfarbe wenig mit dem venezianischen Stil in Einklang steht, so verbinden sich die Renaissanceformen von Santa Maria Formosa weiterhin mit dem Rocaille-Stil des Kampanile.

Malgré la blancheur de la peinture acrylique, si peu en accord avec le goût vénitien, les lignes d'époque Renaissance de Santa Maria Formosa, continuent à se marier avec son campanile rocaille.

152

La facciata di San Zaccaria, un tempo chiesa conventuale di un antichissimo monastero, è uno dei capolavori di Mauro Codussi, il più grande degli architetti del primo Rinascimento.

The façade of San Zaccaria, once a monastery church: one of the masterpieces of Mauro Codussi, the greatest architect of the early Renaissance.

Die Fassade von San Zaccaria, einst die Kirche eines alten Klosters, ist ein Meisterwerk von Mauro Codussi, dem größten Architekten der Frührenaissance.

La façade de San Zaccaria, autrefois église de couvent d'un très ancien monastère, est l'un des chefs-d'oeuvre de Mauro Codussi, le plus grand des architectes du début de la Renaissance.

153

Vegliata dai leoni portati dalla Grecia da Francesco Morosini, la Porta dell'Arsenale, stabilimento industriale e piazzaforte della Serenissima.

Watched over by the lions brought from Greece by Francesco Morosini, the Porta dell'Arsenale, the industrial factory and fortress of the Serenissima.

Von Löwen, die Francesco Morosini aus Griechenland gebracht hat, wird der Porta dell'Arsenale, Industrieanlage und Bollwerk der Serenissima, bewacht.

Veillée par les lions apportés de la Grèce par Francesco Morosini, voici la Porta dell'Arsenale, établissement industriel et forteresse de la Serenissima.

I leoni di Delo e del Pireo a guardia della Porta dell'Arsenale.

The lions of Delos and the Piraeus guard the Porta dell'Arsenale.

Die Löwen aus Delos und Piräus als Wache an der Porta dell'Arsenale.

Les lions de Delos et du Pyrrhée gardent la Porta dell'Arsenale.

155

Se il Seicento vede Venezia impegnata a fondo nella lotta per la sopravvivenza e più che mai combattiva e vitale, la decadenza politica si accompagna, nel Settecento, ad una straordinaria fioritura delle arti. È un'era di raffinatissima civiltà in cui alle grandiose macchine architettoniche di un Longhena succedono quelle pittoriche di un Tiepolo; è il meraviglioso finale della civiltà veneziana.

While the 17th century sees a Venice more combative and vital than ever, fighting to survive, the 18th century witnesses her political decadence, accompanied by an extraordinary blossoming of the arts. This is the age of exquisite refinement, where Longhena's grandiose architectural devices are followed by Tiepolo's great painted masterpieces. This is the majestic final to Venetian civilization.

Das 17. Jahrhundert sieht Venedig im Kampf ums Überleben, in dem es sich mehr als je als vital und einsatzbereit erweist. Der politische Niedergang verbindet sich im 18. Jahrhundert mit einer außergewöhnlichen Blüte der Kunst. Es ist eine Zeit auserlesener Kultur, in der den architektonischen Meisterwerken eines Longhena die grandiosen Gemälde eines Tiepolo folgen; es ist das wunderbare Finale der venezianischen Kultur.

Si au XVIIème siècle Venise est engagée à fond dans la lutte pour la survie et qu'elle est plus que jamais combattive et vitale, au XVIIIème siècle, sa décadence politique est accompagnée d'une extraordinaire floraison des arts. C'est une ère de civilisation très raffinée dans laquelle les grandioses oeuvres picturales de Tiepolo succèdent aux grandes oeuvres architectoniques de Longhena; c'est la merveilleuse conclusion de la civilisation vénitienne.

Le fondamenta
nuove. A destra,
Palazzo Donà delle
Rose.

The new
fondamenta. To
the right, Palazzo
Donà delle Rose.

Die neuen
Fondamente.
Rechts, Palazzo
Donà delle Rose.

Les nouvelles
fondations. A
droite Palazzo
Donà delle Rose.

*Il Canal Grande
dall'Accademia a
Santa Maria della
Salute, vegliato
dalle cupole del
Longhena.*

*The Canal Grande
from the
Accademia to
Santa Maria della
Salute, watched
over by
Longhena's
cupolas.*

*Der Canal Grande
von der
Accademia bis zur
Santa Maria della
Salute, von den
Kuppeln des
Longhena bewacht.*

*Le Canal Grande,
de l'Accademia à
Santa Maria della
Salute, veillé par
les coupoles de
Longhena.*

Santa Maria della
Salute.

Santa Maria della
Salute.

Santa Maria della
Salute.

Santa Maria della
Salute.

Rio di Palazzo, con la fiancata rinascimentale del palazzo ducale e il Ponte dei Sospiri che la collega col palazzo delle prigioni.

Rio di Palazzo: with the Renaissance side of the Doge's palace, and the Ponte dei Sospiri which links it with the palace of the prisons.

Rio di Palazzo, die Renaissanceseite des Dogenpalastes und Ponte dei Sospiri, die ihn mit dem Palast der Gefängnisse verbindet.

Rio di Palazzo, avec le côté Renaissance du palais des Doges. Et Ponte dei Sospiri qui le relie avec le palais des prisons.

Resi celebri da
Giacomo
Casanova, che ne
fuggì nel 1758, i
Piombi, soffitta
del palazzo ducale,
erano le carceri
degli inquisitori di
Stato della
Serenissima.

The Piombi, the
attics of the
Doge's palace,
where the state
inquisitors of the
Serenissima kept
their prisoners.
Giacomo Casanova
made the prison
famous by his
escape in 1758.

Die Piombi, durch
Giacomo Casanova
berühmt geworden,
der aus ihnen
1758 floh, waren
die Kerker der
Inquisitoren des
Staates der
Serenissima und
befanden sich
unter dem Dach
des Dogenpalastes.

Rendus célèbres
par Giacomo
Casanova, qui s'en
évada en 1758,
les «Piombi»,
soupentes du
palais des Doges,
étaient les prisons
des inquisiteurs
d'état de la
Serenissima.

La Sala del
Senato, o dei
Pregàdi, luogo di
memorabili
discussioni e di
ancor più
memorabili
decisioni.

The Sala del
Senato, or dei
Pregàdi, the scene
of memorable
deliberations and
even more
memorable
decisions.

Die Sala del
Senato, auch dei
Pregàdi, Ort
denkwürdiger
Diskussionen und
noch
denkwürdigerer
Entscheidungen.

La Sala del
Senato ou des
Pregàdi, lieu de
mémorables
discussions et de
décisions encore
plus mémorables.

Il «tribunale»
della Sala dei
Pregàdi. Qui
sedevano il doge e
la Serenissima
Signoria.

The «tribunal» of
the Sala dei
Pregàdi. Here sat
the Doge and
Serenissima
Signoria.

Das «Gericht» der
Sala dei Pregàdi,
wo der Doge und
die Serenissima
Signoria saßen.

Le «tribunal» de
la Sala dei
Pregàdi. Ici
s'asseyaient le
Doge et la
Serenissima
Signoria.

Particolare ligneo
della Sala del
Senato o dei
Pregàdi.

Wooden detail of
the Sala del
Senato, or dei
Pregàdi.

Hölzernes Detail
der Sala del
Senato oder dei
Pregàdi.

Détail de la
boiserie de la Sala
del Senato ou dei
Pregàdi.

A Francesco Morosini, quattro volte capitano generale «da mar» e vincitore dei Turchi, fu dedicato – onore senza precedenti – un busto in Palazzo Ducale, mentre era ancora vivo.

In the Palazzo Ducale, a bust was dedicated during his lifetime to Francesco Morosini, four times general commander «da mar» and defeater of the Turks. This was an unprecedented honour.

Francesco Morosini, viermal «capitano generale da mar» (Oberfehlshaber zur See) und Besieger der Türken, wurde bereits zu Lebzeiten – eine nie dagewesene Ehrung – eine Büste im Palazzo Ducale errichtet.

A Francesco Morosini, quatre fois capitaine général «da mar» et vainqueur des Turcs, fu dédié – honneur sans précédent – un buste dans Palazzo Ducale, alors qu'il était encore vivant.

169

Iniziata da Baldassarre Longhena, terminata da Giorgio Massari, Cà Rezzonico è uno dei più bei palazzi veneziani del Settecento.

Begun by Baldassarre Longhena and completed by Giorgio Massari, Ca' Rezzonico is one of the most beautiful 18th-century palaces in Venice.

Ca' Rezzonico, von Baldassarre Longhena begonnen und von Giorgio Massari beendet, gehört zu den schönsten Paläste Venedigs aus dem 18. Jahrhundert.

Commencée par Baldassarre Longhena, terminée par Giorgio Massari, Ca' Rezzonico est l'un des plus beaux palais vénitiens du XVIIIème siècle.

Il fastoso salone da ballo di Ca' Rezzonico, oggi museo del Settecento veneziano.

The sumptuous dance hall of Ca' Rezzonico. Today the palace houses the museum of the venitian 18th century.

Der prunkvolle Tanzsaal der Ca' Rezzonico, heute Museum des venetianischen Settecento.

La fastueuse salle de bal de Ca' Rezzonico, aujourd'hui musée du XVIIIème siècle vénitien.

Tra «quadrature»
e affreschi,
vediamo uno dei
«mori» dello
scultore secentesco
Andrea Brustolon.

Among panelling
and frescoes, we
find one of the
«mori» (moors) by
the 17th-century
sculptor Andrea
Brustolon.

Zwischen
Quadraturmalerei
und Fresken sehen
wir einen der
«mori» (Mohren)
des Bildhauers
Andrea Brustolon
aus dem 17.
Jahrhundert.

Entre
«quadratures» et
fresques nous
voyons un des
«mori» (mores)
d'Andrea
Brustolon,
sculpteur du
XVIIème siècle.

Una delle sale di
Ca' Rezzonico, col
monumentale
ritratto di Piero
Barbarigo racchiuso
in una
sfarzosissima
cornice intagliata.

One of the rooms
in Ca' Rezzonico,
with the
monumental
portrait of Piero
Barbarigo enclosed
by a magnificently
carved frame.

Einer der Säle der
Ca' Rezzonico mit
dem monumentalen
Portrait von Piero
Barbarigo in einem
prunkvollen
geschnitzten
Rahmen.

Une des salles de
Ca' Rezzonico avec
le monumental
portrait de Piero
Barbarigo,
renfermé dans un
fastueux cadre
ciselé.

Qui e nella
pagina seguente,
gli affreschi dipinti
da Giandomenico
Tiepolo (eccone
l'autoritratto) per
la sua villa di
Zianigo, oggi a
Ca' Rezzonico. Le
sue pulcinellate,
nella pagina
accanto, riflettono
una visione amara
e sprezzante della
decadenza
veneziana.

This and the
following page
show the frescoes
painted by
Giandomenico
Tiepolo (here his
self-portrait) for
his villa at
Zianigo, now in
Ca' Rezzonico. His
sketches of
Punchinello on the
facing page show
a bitter contempt
for the decadence
of Venice.

Hier und auf den
folgenden Seiten
die von
Giandomenico
Tiepolo gemalten
Fresken (hier sein
Selbstbildnis) für
seine Villa in
Zianigo, heute in
Ca' Rezzonico.
Seine
Pulcinell-Szenen,
auf der Seite
nebenan, spiegeln
eine bittere und
verachtende Sicht
der venezianischen
Dekadenz.

Ici et dans les
pages suivantes,
fresques peintes
par Giandomenico
Tiepolo (voici
l'autoportrait) pour
sa villa de Zianigo
et qui se trouvent
maintenant à Ca'
Rezzonico. Ses
polichinelles, dans
la page d'à côté,
reflètent une
vision amère et
méprisante de la
décadence
vénitienne.

Il Rio dei
Mendicanti, che
qui vediamo
dipinto da
Francesco Guardi,
non è gran che
mutato dal
Settecento ad oggi.

The Rio dei
Mendicanti, seen
here painted by
Francesco Guardi,
has changed very
little since the
18th-century.

Der Rio dei
Mendicanti, den
wir hier von
Francesco Guardi
gemalt sehen, hat
sich vom 18.
Jahrhundert bis
heute nicht sehr
viel verändert.

Le Rio dei
Mendicanti, que
nous voyons ici
peint par
Francesco Guardi,
n'a pas tellement
changé depuis le
XVIIIème siècle.

Il sontuoso interno settecentesco della Chiesa dei Gesuiti.

The sumptuous 18th-century interior of the Chiesa dei Gesuiti.

Das prachtvolle Innere der Chiesa dei Gesuiti aus dem 18. Jahrhundert.

Le somptueux intérieur du XVIIIème siècle de la Chiesa dei Gesuiti.

Accanto ad un busto di Francesco Morosini, scudi turchi presi dai suoi uomini al nemico.

Next to a bust of Francesco Morosini, Turkish shields looted on the battlefield by his men.

Neben der Büste des Francesco Morosini türkische Schilde, die von seinen Leuten dem Feind abgenommen wurden.

A côté d'un buste de Francesco Morosini, boucliers turcs pris par ses hommes à l'ennemi.

Armatura
veneziana al
Civico Museo
Correr.

Venetian suit of
armour in the
Civico Museo
Correr.

Venezianische
Rüstung im Civico
Museo Correr.

Armature
vénitienne au
Civico Museo
Correr.

179

Una delle molte
piante prospettiche
di Venezia che si
conservano al
Museo Correr.

One of the many
perspective maps
of Venice
conserved in the
Museo Correr.

Eine der vielen
perspektivischen
Karten von
Venedig, die im
Museo Correr
aufbewahrt
werden.

Un des nombreux
plans en
perspective de
Venise, que l'on
conserve au Museo
Correr.

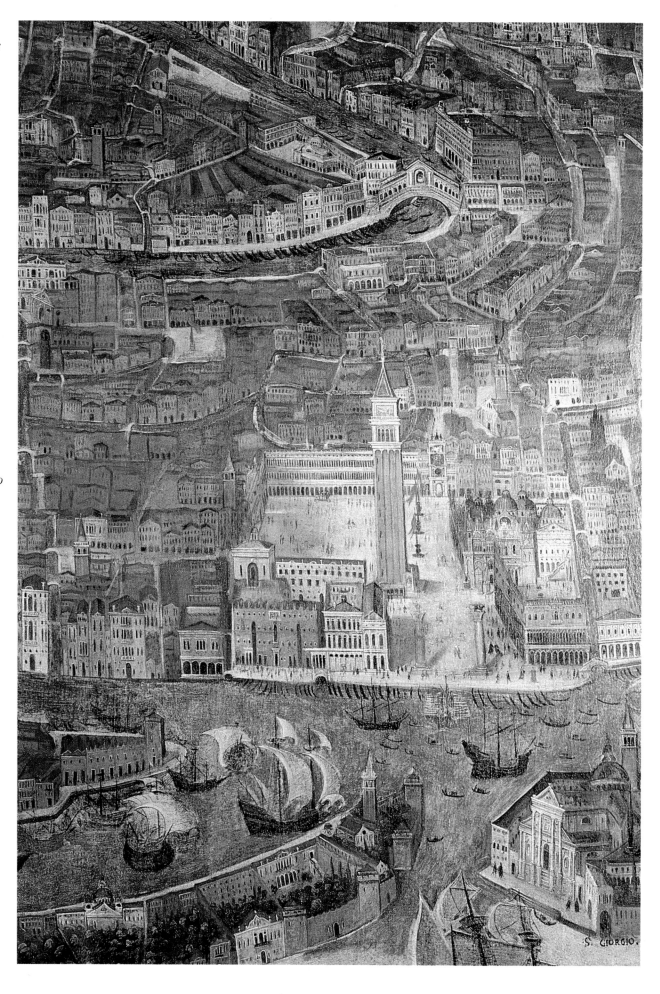

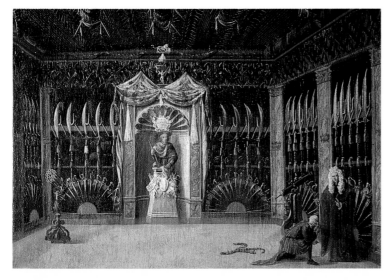

FRANCESCO MOROSINI CAP. GN.ALE ESPVGNA CISME FORTEZZA POSTA IN TERRA FERMA DI RINCONTRO A SCIO FACENDO CON STRATAGEMA VSCIRE IL PRESIDIO TVRCO DALLA PIAZZA, QVALE PERCIÒ NON POTENDO PIV DIFENDERSI, CEDE. VI ACQVISTA MONIZIONI, BOTTINO CONSIDERABILE, CANNONI DI PIV GENERE IN COPIA. GIVGNO 1689.

FRAN. MORO.S CAP. GN.ALE INSEGVISCE L ARMATA TVRCA, CHE FVGGE SEBENE PIV NVMEROSA ASSAI DELLA VENETA, ARRIVA DVE DELLE PIV GROSSE GALERE, E LE PRENDE. APRILE 1689.

In alto a sinistra: una delle sale d'armi del Consiglio dei Dieci. A destra: funerali di Francesco Morosini a Napoli di Romania. In basso: imprese di Francesco Morosini (Civico Museo Correr).

Top left: one of the armouries of the Consiglio dei Dieci. Right: the funeral of Francesco Morosini at Nauplia. Below: the Feats of Francesco Morosini (Civico Museo Correr).

Oben links: Eine der Waffensäle des Consiglio dei Dieci. Rechts: Das Begräbnis von Francesco Morosini in Nauplia. Unten: Die Taten Francesco Morosinis (Civico Museo Correr).

En haut à gauche: une des salles d'armes du Consiglio dei Dieci. A droite, funérailles de Francesco Morosini à Nauplia. En bas: exploits de Francesco Morosini (Civico Museo Correr).

*Traffico
congestionato sul
Canal Grande.*

*A traffic jam on
the Canal Grande.*

*Verkehrsstau auf
dem Canal
Grande.*

*Trafic congestionné
sur le Canal
Grande.*

185

Piazza San Marco
d'inverno. La festa
estiva è finita, il
Carnevale non è
ancora
incominciato.

Piazza San Marco
in winter. The
festival of summer
is over; the
Carnevale has yet
to begin.

Piazza San Marco
im Winter; die
sommerliche
Herrlichkeit ist
vorüber und der
Karneval hat noch
nicht begonnen.

Piazza San Marco
l'hiver. La fête
d'été est finie, le
Carnaval n'est pas
encore commencé.

Le Cupole di
Santa Maria della
Salute da Via
Garibaldi, una
delle ferite inferte
dagli urbanisti
napoleonici al
corpo di Venezia.

The domes of
Santa Maria della
Salute from Via
Garibaldi – one
of the wounds
inflicted on the
body of Venice by
Napoleonic town
planners.

Die Kuppeln von
Santa Maria della
Salute, von via
Garibaldi aus, eine
der von den
napoleonischen
Städteplanern dem
Körper Venedigs
zugefügten
Wunden.

Les coupoles de
Santa Maria della
Salute vues de via
Garibaldi, l'une
des blessures
infligées par les
urbanistes
napoléoniens au
corps de Venise.

Castello o l'allegria della vita quotidiana.

Castello, or the joy of daily life.

Castello oder der Frohsinn des Alltags.

Castello ou la joie de la vie quotidienne.

188

Castello, una delle
poche aree ancora
non contaminate
dal turismo di
massa.

Castello: one of
the few areas of
the city still
uncontaminated by
mass tourism.

Castello, eine der
wenigen vom
Massentourismus
noch nicht
verseuchten Ecken.

Castello, une des
rares zones non
encore contaminées
par le tourisme de
masse.

I gatti sono i padroni delle calli e dei tetti di Venezia...

Cats are the lords of Venice's calli and roofs...

Die Katzen sind die Herren der Gäßchen und Dächer von Venedig...

Les chats sont les patrons des calli et des toits de Venise...

...e dei pianterreni,
dove le loro
movenze misteriose
evocano arcani
riflessi senza
tempo.

... and of the
ground floors of
the palaces, where
their mysterious
movements evoke
timeless, arcane
sensations.

... und der
Erdgeschosse, wo
ihre mysteriösen
Bewegungen
zeitlose dunkele
Gedanken
heraufbeschwören.

... et des
rez-de-chaussée, où
leurs évolutions
mystérieuses
évoquent des
arcanes hors du
temps.

Quintavalle,
contrada di
marinai e
pescatori. In
fondo, campanile e
cupola di San
Pietro di Castello.

Quintavalle,
quarter of sailors
and fishermen. In
the background,
the bell tower and
cupola of San
Pietro di Castello.

Quintavalle, das
Viertel der
Seeleute und
Fischer. Im
Hintergrund:
Kampanile und
Kuppel von San
Pietro di Castello.

Quintavalle,
contrade de marins
et de pêcheurs.
Au fond,
campanile et
coupole de San
Pietro di Castello.

Le «case alte» del Ghetto. Un'altra area rimasta quale era in tempi remoti.

The «case alte» (high houses) of the Ghetto: another area that is still as it used to be in the remote past.

Die «case alte» (hohe Häuser) des Ghettos. Eine andere Gegend, die so wie einst geblieben ist.

Les «case alte» (hautes maisons) du Ghetto. Une autre zone restée telle qu'elle était dans les temps jadis.

193

Armonie veneziane nei pressi di San Tomà.

Venetian harmonies near San Tomà.

Venezianische Harmonien in der Nähe von San Tomà.

Harmonies vénitiennes du côté de San Tomà.

Mercato
galleggiante a
San Barnaba.

Floating market at
San Barnaba.

Der schwimmende
Markt von San
Barnaba.

Marché flottant à
San Barnaba.

San Bastian, la chiesa di Paolo Veronese...

San Bastian, the church of Paolo Veronese...

San Bastian, die Kirche von Paolo Veronese...

San Bastian, l'église de Paolo Veronese...

196

...e, non lontane,
le povere case di
San Nicolò dei
Mendicoli.

... and, not far
away, the
poverty-stricken
houses of San
Nicolò dei
Mendicoli.

... und nicht weit
davon, die armen
Häuser von San
Nicolò dei
Mendicoli.

... et, pas loin de
là, les pauvres
maisons de San
Nicolò dei
Mendicoli.

La pescheria, una delle zone più vive della Venezia di oggi...

The fish market, one of the liveliest areas of presentday Venice...

Der Fischmarkt, eine der lebendigsten Ecken des heutigen Venedigs...

La Pescheria, l'une des zones les plus vivantes de la Venise d'aujourd'hui.

...e l'Erbaria, il
coloratissimo
mercato di Rialto.

... and the Erbaria,
the colourful
market of Rialto.

... und die
Erbaria, der bunte
Markt von Rialto.

... et l'Erbaria, le
très bariolé marché
de Rialto.

San Giacometto di Rialto e l'Erbaria.

San Giacometto di Rialto and the Erbaria.

San Giacometto di Rialto und die Erbaria.

San Giacometto di Rialto et l'Erbaria.

Il mercato
ortofrutticolo
dell'Erbaria e il
Fondaco dei
Tedeschi.

The Erbaria fruit
and vegetable
market and the
Fondaco dei
Tedeschi.

Der Obst- und
Gemüsemarkt der
Erbaria und der
Fondaco dei
Tedeschi.

Le marché aux
fruits et légumes
de l'Erbaria et le
Fondaco dei
Tedeschi.

Le salette del *Caffè Florian, da duecentocinquanta anni ritrovo internazionale alla moda.*

The rooms of the *Caffè Florian, for two hundred and fifty years the international meeting-place of fashionable society.*

Die Säle des Caffè *Florian, seit 250 Jahren internationaler mondäner Treffpunkt.*

Les salles du *Caffè Florian, rendez-vous international à la mode depuis 250 ans.*

*Qui, al Florian, si
incontrano da due
secoli e mezzo
scrittori, artisti,
viaggiatori di ogni
paese.*

*For two and a
half centuries,
writers, artists and
travellers from
every country have
gathered here at
the Caffè Florian.*

*Hier, im Caffè
Florian, treffen
sich seit
zweieinhalb
Jahrhunderten
Schriftsteller,
Künstler und
Reisende aus allen
Ländern.*

*Ici, au Caffè
Florian, depuis
deux siècles et
demi se
rencontrent
écrivains, artistes
et voyageurs de
tous pays.*

203

Rio di San Salvador. In fondo, il campanile di San Marco.

Rio di San Salvador. Behind, the bell tower of San Marco.

Rio di San Salvador. Im Hintergrund der Kampanile von San Marco.

Rio di San Salvador. Au fond, le campanile de San Marco.

204

Campo Sant'Angelo, col campanile pendente di Santo Stefano.

Campo Sant'Angelo, with the crooked bell tower of Santo Stefano.

Campo Sant'Angelo mit dem schiefen Glockenturm von Santo Stefano.

Campo Sant'Angelo, avec le campanile pendant de Santo Stefano.

Ressa di turisti
sul molo di
San Marco.

Crowds of tourists
on the quay of
San Marco.

Touristengedränge
auf der Mole von
San Marco.

Foule de touristes
sur le môle de
San Marco.

Sgondolate di
turisti e, di gran
carriera, un
motoscafo della
Polizia. Ecco due
aspetti della
Venezia di oggi.

Gondolas laden
with tourists and,
at full speed, a
police launch. Two
aspects of modern
Venice.

Gondeln mit
Touristen und ein
eiliges Motorboot
der Polizei, zwei
Aspekte des
heutigen Venedig.

«Gondolées» de
touristes, et, à
toute vitesse, une
vedette de la
police. Voici deux
aspects de la
Venise
d'aujourd'hui.

Alba di Carnevale.   *Carnevale dawn.*   *Karneval-*   *Aube de Carnaval.*
Tagesanbruch.

Da qualche anno, il Carnevale rivive la voga di un tempo.

For some years now Carnevale has been back in vogue.

Seit einigen Jahren erfreut sich der Karneval wieder dergleichen Beliebtheit wie einst.

Depuis quelques années le Carnaval revit la vogue des temps jadis.

*La turistizzazione
e lo spopolamento:
sono i due rischi
maggiori per la
Venezia odierna.*

*The tourist boom
and the exodus
from the city:
these are the two
greatest threats to
modern Venice.*

*Die Vertouristisie-
rung und die
Entvölkerung sind
die beiden
Hauptgefahren für
das heutige
Venedig.*

*La «touristisation»
et le
dépeuplement:
voilà les deux
plus gros risques
pour la Venise
d'aujourd'hui.*

*A pochi passi
dalla folla, le
acque silenziose
del Rio di
Palazzo.*

*A few steps away
from the crowds,
the silent waters
of the Rio di
Palazzo.*

*Nur ein paar
Schritte von der
Menge, entfernt
die ruhig
dahinfließenden
Wasser des Rio di
Palazzo.*

*A quelques pas de
la foule, les eaux
silencieuses du Rio
di Palazzo.*

211

Una scultura astratta della collezione Guggenheim, una delle più importanti raccolte d'arte d'avanguardia del mondo.

An abstract sculpture in the Guggenheim collection, one of the most important collections of avant-garde art in the world.

Eine abstrakte Plastik der Sammlung Guggenheim, eine der bedeutendsten Sammlungen avantgardistischer Kunst in der Welt.

Une sculpture abstraite de la collection Guggenheim, l'une des plus importantes collections d'avant-garde du monde.

Una sala del
Museo
Guggenheim. Si
riconoscono alcune
celebri tele
surrealiste.

A room in the
Guggenheim
Museum. A
number of
celebrated
surrealist paintings
can be seen on
the walls.

Ein Saal des
Museums
Guggenheim. Man
erkennt einige
berühmte
surrealistische
Gemälde.

Une salle du
Musée
Guggenheim. On
reconnaît certaines
toiles surréalistes
célèbres.

Dalla sede del Museo Guggenheim, il Canal Grande.

The Canal Grande seen from the Guggenheim Museum.

Der Canal Grande vom Museum Guggenheim aus.

Du Musée Guggenheim, le Canal Grande.

214

Uno straordinario
insieme di palazzi
gotici sul Canal
Grande: Ca'
Foscari e i due
palazzi Giustinian.

An extraordinary
series of
Gothic-style palaces
on the Canal
Grande: Ca'
Foscari and the
two palaces
Giustinian.

Ein
ungewöhnliches
Zusammenkommen
gotischer Paläste
am Canal Grande:
Ca' Foscari und
die zwei Paläste
Giustinian.

Un ensemble
extraordinaire de
palais gothiques
sur le Canal
Grande: Ca'
Foscari et les
deux palais
Giustinian.

La pietra tombale
del grande
compositore Igor
Stravinskij a
San Michele.

The tombstone of
the great composer
Igor Stravinskij on
San Michele.

Der Grabstein des
großen
Komponisten Igor
Strawinskij auf
San Michele.

La pierre tombale
du grand
compositeur Igor
Strawinskij à San
Michele.

216

Il leone alato di
San Marco è il
simbolo e l'arme
di Venezia. Qui
due leoni
«andanti»
fiancheggiano un
leone «in moleca»
(in riposo).

The winged lion
of San Marco is
the symbol and
the emblem of
Venice. Here, two
«rampant» lions
flank one «in
moleca»
(couchant).

Der geflügelte
Löwe von San
Marco ist das
Symbol und
Wappentier
Venedigs. Hier
stehen zwei auf
den Hinterbeinen
stehende Löwen
einem Löwen «in
moleca» (ruhend)
zur Seite.

Le lion ailé de
San Marco est le
symbole et l'arme
de Venise. Ici
deux lions
«andanti» côtoient
un lion «in
moleca»
(couchant).

Un «campo» di
Burano, isola di
pescatori e di
ricamatrici.

A «campo» on
Burano, island of
fishermen and
lace-makers.

Ein Platz auf
Burano, Insel der
Fischer und
Stickerinnen.

Un «campo» de
Burano, île de
pêcheurs et de
brodeuses.

Coloritissima,
Burano è una
piccola Venezia,
amata dai pittori.

Full of colour,
Burano is a
Venice in
miniature, beloved
by painters.

Farbenfroh, ein
kleines Venedig,
wird Burano
besonders von den
Malern geliebt.

Très colorée,
Burano est une
petite Venise,
aimée par les
peintres.

Burano, magia del colore.

Burano: the magic of colour.

Burano, Zauber der Farben.

Burano, magie de la couleur.

Fondamenta de Cao Moleca a Burano: ogni casa, una barca.

Fondamenta de Cao Moleca on Burano: every house has a boat.

Fondamenta de Cao Moleca auf Burano: Jedes Haus ein Boot.

Fondamenta de Cao Moleca à Burano: à chaque maison, une embarcation.

221

Luce di Venezia.

Venice's light.

Venedigs Licht.

Lumière de Venise.